# 政府規制と地方創生

## ―コミュニティの活性化に向けた提言―

浅野清彦・岸　真清　[著]
立原　繁・陳　森

創 成 社

# はしがき

　地方の人口減少が地方消滅を警告している。これまでの数々の地方創生政策にもかかわらず，なぜ地方創生が達成されなかったのであろうか。

　地方創生の主な推進者は中小企業・小規模事業，ベンチャービジネス，スタートアップ企業などのコミュニティビジネスであるが，政府の政策が市民（住民）に正確に伝わることなく，地方創生に向かう意欲を十分に高めることができなかったためと考えられる。

　とは言え，私たちは，地方消滅を受入れているわけではない。実際，流山市のように人口が増加した地域も見られる。また，新製品を生み出したグローバルニッチトップ（GNT）企業に着目することができる。

　こうした営利型コミュニティビジネスを支える医療・介護などの非営利型コミュニティビジネスにしても，医療ツーリズム，ヘルスツーリズムが進展しつつある。さらに，医療の質と患者の安全性を国際的に審査する機関 JCI の認定を，34 カ所の医療機関が受けるなど，グローバル化が進展している。

　これらの人口増加や技術開発の成功例を，政府が支援また広報することによって，コミュニティビジネスを鼓舞することが重要と思われる。その際，政府，自治体，コミュニティビジネス，市民・住民の連携による効率の向上が鍵を握ることになる。そのためには，政府→自治体→コミュニティのトップダウン型意思伝達経路だけではなく，政府⇔地方自治体⇔コミュニティビジネス⇔市民・住民間の議論を重視する複線型意志伝達経路が必要になる。

　その前提となるのが，コミュニティビジネス，市民・住民が取引に参加する場である市場の透明性，公平性，安全性を守る，共助社会を象徴する新しい政府規制である。

私たちの『政府規制研究会』は，同僚の島和俊先生，後輩の浅野清彦先生と立原繁先生，さらに新加入の陳森先生（浅野先生の紹介）の3代にわたる勉強会である。研究会を立ち上げたのが1994年，最初の出版が『市民社会の経済学』（中央経済社，2000年）であった。その後，『市民社会の経済政策』（税務経理協会，2006年），『自助・共助・公助の経済政策』（東海大学出版会，2011年），『ソーシャル・ビジネスのイノベーション』（同文館出版，2014年），『基本観光学』（東海大学出版部，2017年），『規制改革の未来－地方創生の経済政策』（東海大学出版部，2020年）を出版することができた。各社の皆様に改めて御礼申し上げたい。

　さらに，本年，立原先生の尽力，そして，編集の労をとって下さった創成社の西田徹様のご厚意の賜物として，『政府規制と地方創生』を出版することができた。と言うのも，このたびの出版準備半ば，『現代の医療問題』（共著）（有斐閣，1979年），『政府の経済学』（共著）（有斐閣，1987年），『財政学の要点整理』（実務教育出版，1995年）など数々の業績を携え，かつ責任感が強い島先生が過労で倒れたことに愕然とせざるを得なかった。島先生が担当予定であった第1章を誰が担当するのか，暗闇に突き落とされた。

　混沌とした研究会に変わりかけたのを，整然と仕切って下さり，出版に漕ぎつけた西田様のご尽力に，厚く御礼申し上げます。

　本書が，学部および大学院の学生の皆さんや，地方創生問題に関心をお持ちの方々のお役に立てば，幸いです。

2024年7月

岸　真清

# 目　　次

はしがき

## 第1章　共助社会の地方創生 ——————————— 1

 1 地方は消滅するのか……………………………………… 1

 2 政府規制の考え方………………………………………… 2

 3 コミュニティの活性化…………………………………… 9

 4 SDGs と共に歩む地方創生……………………………… 23

 5 コミュニティ活性化の意志伝達経路…………………… 28

## 第2章　地方創生とその対応 ——————————— 34

 1 地方創生とは…………………………………………… 34

 2 地域分析と SWOT 分析………………………………… 49

## 第3章　地方創生とビジネスデザイン ——————— 61

 1 ブランディングとプロモーション……………………… 61

 2 地元ビジネスとの連携………………………………… 73

## 第4章　地方創生におけるシェアリングエコノミーの役割 —— 85

 1 新たな経済モデルとしてのシェアリングエコノミー…… 85

 2 日本におけるシェアリングエコノミーの推進………… 92

 3 地方創生の担い手としてのシェアリングエコノミーの
  役割……………………………………………………… 95

 4 株式会社クラウドケアの事例………………………… 97

| | | |
|---|---|---|
| 第**5**章 | 地域活性化のための効果的な情報発信行為の<br>制約要因 ——————— | 109 |
| | 1 クチコミとネット・クチコミ…………………… | 109 |
| | 2 知覚リスクと情報探索行為…………………… | 113 |
| | 3 財の特性と知覚リスク………………………… | 116 |
| | 4 財別による情報探索行為の差異………………… | 119 |
| | 5 地域活性化のための効果的な情報発信行為………… | 130 |

| | | |
|---|---|---|
| 第**6**章 | 郵政事業の政府規制と民営化 ——————— | 135 |
| | 1 郵政事業の概要と新展開………………………… | 135 |
| | 2 郵政事業の政府規制と事業リスク……………… | 145 |
| | 3 郵政事業のユニバーサルサービス……………… | 148 |
| | 4 地方創生から見る「ユニバーサルサービス」の確保…… | 154 |

| | | |
|---|---|---|
| 第**7**章 | 郵政事業による地方創生<br>—財政破綻した夕張市の事例からの政策提言— ——— | 157 |
| | 1 夕張市の概況と「コンパクトシティ化」………… | 157 |
| | 2 財政再生団体としての夕張市…………………… | 160 |
| | 3 夕張市の未来総合戦略…………………………… | 167 |
| | 4 現在のユニバーサルサービス水準を維持させるための<br>政策提言………………………………………… | 170 |

| | | |
|---|---|---|
| 第**8**章 | 地域発グローバル化の地方創生 ——————— | 177 |
| | 1 コミュニティ主役の地方創生…………………… | 177 |
| | 2 なぜ，コミュニティビジネスなのか…………… | 178 |
| | 3 地域密着型グローバル化………………………… | 185 |
| | 4 ESG 投資の国際基準…………………………… | 197 |
| | 5 地方創生に掛かる希望の灯……………………… | 199 |

索　引　204

# 第 1 章

# 共助社会の地方創生

## 1 —— 地方は消滅するのか

　地方の人口減少，東京一極集中現象が地方消滅を警告している。政府（中央政府）と地方自治体（地方政府）のこれまでの数々の地方創生政策が，なぜ，十分に応えることができなかったのであろうか。

　地方創生は，技術革新と人口増加によって実現するはずである。それが未だに成功しないのは，コミュニティを囲む環境改善の遅れがネックになっているためと思われる。

　「まち・ひと・しごと創生基本方針 2021」によれば，日本の総人口は 2010 年の 1 億 2,806 万人から 2020 年の 1 億 2,571 万人に減少している。その中で，生産年齢人口が 8,174 万人から 7,449 万人に減少する反面，老齢人口は 2,948 万人から 3,619 万人に増加している。また，同期間の東京圏への転入超過数は 92,829 人から 98,005 人に増加している。コロナ禍の中で，15 歳〜29 歳を合わせた転入数が 2020 年時点で 11 万 2,764 人と若年層が大半を占めている[1]。

　その打開策は，生産効率を高める技術革新と新しい産業の構築そして豊かなコミュニケーションの活用に求められる。大企業の誘致が雇用に重要な役割を果たすことも否定できないが，それ以上にコミュニティビジネスに期待がかかる。コミュニティビジネスの主力事業は，中小企業・小規模事業（農林水産業を含む），ベンチャービジネス，スタートアップ企業，それにこれらの営利事業を支える医療・介護，自然環境・インフラ関連，育児・教育事業のように営

利・非営利コミュニティビジネス（ソーシャルビジネス）によって担われていることに着目して，その活動を鼓舞する手段を考察するのが本稿である。

　本稿の目的は，私たちの生活の場であるコミュニティを基盤とする共助社会の視点から，地方創生の可能性を考えることにある。

　そのため，第2節において地域社会の現状を鳥瞰した後で，不完全・不安定な市場に介入せざるを得ない政府の役割，反対に経済の発展，自由化，グローバル化に応じて新たに生じる課題を緩和する共助社会の規制を取り上げる。第3節において，三位一体改革頃の自由化を振り返った後で，東日本大震災，熊本地震，能登半島地震等を経験した日本の共助社会のあゆみを，「まち・ひと・しごとの基本方針」政策から具体的に論じる。第4節は，世界の潮流になっているSDGsおよびESG投資と地方創生政策との協業について考察する。最後にまとめと若干の提案を行うことにする。

# 2 —— 政府規制の考え方

## 2.1　政府介入の課題

　もともと政府介入が必要であったのは，市場メカニズムだけでは対処できない公共財や準公共的な課題が含まれていたからである。ところが，最近，官から民への流れの中で，介入政策への疑問が強くなりつつある。①財政赤字の中で，過度な介入の継続は効率的な資金配分を損ね厚生の損失を招くこと，②公共部門に特有の，働く動機，競争圧力，責任体制の欠如に由来する非効率性（X非効率）が存在していること，③政府の規制が消費者のニーズの高度化，多様化への企業の対応を難しくすることが主な理由である。

　自由化，規制緩和が急がれているのも，上述の問題点に対応するためである。しかし，これを妨げるさまざまな障害が存在していることも事実である。

　第1に，道徳的なリスクであるモラルハザードの問題をどのように克服するかが課題になる。企業の投資計画の失敗が，その例になる。通常，企業の倒産を救済するための第2次的な金融市場の資金が充当されるが，主力金融機関の

経営が行き詰まった場合には，政府が救済のために規制緩和を実施することもあり得る。問題は，金融機関が当初から政府の支援を期待してリスクの高い借り手に資金供給を行っていたかどうかである。政府がリスクを軽視した企業，金融機関に救済基金を供給するのがモラルハザードである。

　第2に，政府をはじめ，効率性の高い公共部門づくりを阻害する要因にどのように立ち向かうかが課題になっている。例えば，レントシーキングにどのように対処するかである。レントシーキングとは，政府介入によって生じた独占的利益（権益）を得ることであるが，すでに権益を得た官僚機構，企業にそれを手放させるのは容易ではない。

　これらの問題に対処する処方箋は，第1に，政策目的の基準を明示，整合した上で，実施可能な政策手段を選択することである。その際，市民・住民の声を尊重し，可能な限り，立案に組み入れることである。第2に，公共部門と民間部門の衝突が生じる分野において，その調整を行い，望ましい分業体制を敷くことである。第3に，金融機関，資本市場の整備である[2]。銀行は，規模が大きく貸出担当者が有する専門家としての知識量が豊富なことから，貸出業務を円滑化できること（規模の経済）に加え，他の業務と結び付けながらサービスを提供可能にする範囲が広いこと（範囲の経済）に強みがある。ミンスキー（Minsky. H. P.）は投資誘因を高めるしくみを重視する[3]。すなわち，企業は資本市場において株式を発行するよりも銀行からの借入金に依存する資金調達方法を選ぶ。その理由は，株式発行による資金調達の場合，仮に投資が成功したとしても利潤の多くが株主に配当されてしまうことにある。これに比べ，銀行借入れに基づいた投資であれば，企業経営者は大部分の利潤を得ることができるからである。これが金融契約の代理人コストと呼ばれるものである。

　しかし，問題は，銀行との金融契約が情報の公開を促すかどうか，また，銀行がリスクの高い貸付を行うかどうかである。さらに，投資が失敗したときリスクを自己責任で賄うかどうかが問題になる。そこで，自己責任を徹底するため，貸出先，貸出条件を公開し，貸出が公正に実施されているかどうかをチェックする金融インフラが必須になる。

ここで，1970 年代半ばまでの規制時代，それ以降を自由化時代と区分される日本の金融政策を簡単に振り返ってみよう。

1975 年の国債の大量発行が金融自由化の直接的な要因になった。それまでの日銀の買いオペによる吸収を難しくし，市中消化の必要性を高めたのが，その理由である。実際，1975 年までは，国債発行量も小さく，しかもそのほとんどが銀行引き受けであったので，国債の発行が人為的金利政策に影響を与えることはなかった。国債の利回りを意識的に低く抑え，また，流通市場の発展を阻害することによって，信用秩序を維持し金融システムを安定させてきた。ところが，市中金融機関が保有する国債残高が累積し，資金繰りや収益を圧迫し始めたので，円滑な市中消化を行うため国債市場の諸規制を緩和せざるを得なくなった。そこで，流通利回りを参考にした国債応募者利回りが決められることになった。かくして，発行市場と流通市場の分断が不可能となり，人為的低金利政策は崩壊した。これに伴って，企業の資金運用が多様化し，公社債市場が活性化した。さらに，1980 年に発売された中期国債が短期金融市場の諸商品と競合し，CD（譲渡可能預金証書）など新しい金融商品を生み出すことになった。その結果，規制色の強い預金・貸出市場の金利自由化を促すことになった。

債権流動化そのものは，抵当証券，住宅抵当証書，住宅ローン債権の開発をきっかけとしている。その後，金融自由化，BIS 規制に対応して，債権流動化政策が拡充された。加えて，1992 年には，資産運用の固定化を抑え住宅金融の安定的な供給を確保する目的で，信託方式が解禁された。実際，債権の流動化が順調であれば，住宅ローンのアベイラビリティが拡大し，短期資金を原資とし，長期資本として用いる住宅金融特有の期間のミスマッチの問題も緩和されるはずであった。

しかし，住専（住宅金融専門会社）の不良債権が示したように，債権流動化は困難な状況にあった。市場メカニズムを弱め，不良債権を醸成する基本的な要因は，どこにあるのであろうか。その理由をミンスキーとショーが，それぞれ，市場の不安定性と市場の不完全性の概念を用いて説明している。

市場を不安定にする要因を金利機能の弱さに求め，それが市場メカニズムを歪めていると主張するのが前述のミンスキーであるが，独占・寡占経済の存在，投機的行動，金融負債の形成過程が，金利の機能を弱めていることを強調する。と言うのも，例えば，負債比率の高い企業それに資本集約的技術を用いる企業ほど資金調達コストが相対的に高く，返済に窮する危険性が高い。そこで，資本の懐妊期間の長い企業ほど政府の保護を求めがちになる。こうした収益を安定化させようとする企業の資金調達が，市場メカニズムの機能を歪めることになる。

　市場の不安定性の問題に加えて，市場の不完全性の問題も存在している。ショーは，経済成長など特定な目的に照らして政府の差別的な介入が行われると，複数の価格を生み出し，金融・資本市場を不完全なものにする危険性が起こり得ることを指摘する[4]。相対的に資本が不足しているとき，自己資本を原資とする短期的投資が有利化する傾向が見られる。この状況の下で，低金利政策を実施する一方，特定の資産保有者ないし負債の出し手を優遇するならば，すべての金融資産の収益率格差を拡大することになる。

　これらの問題は規制時代にも存在していたが，バブル経済崩壊の過程で，土地問題が顕在化すると共に，金融政策の波及効果の弱化と銀行の与信（仲介）機能弱化の問題が新たに加わっている。与信機能弱化の要因は，第1に，土地をベースとした金融取引が市場メカニズムの機能を弱めていたからである[5]。その反省から，贈与経済の考え方がクローズアップされることになった[6]。

　第2に，情報の不完全性を緩和するはずの銀行の与信（仲介）機能が弱化しつつあることが問題になる。銀行の与信機能とは，リスク負担機能，期間転換機能，資金供給機能に，情報生産機能（情報収集機能，審査機能，監視機能を合わせた機能）を統合したしくみのことである。これら機能のすべてが効率良く組み合わされて，初めて，貯蓄と投資を有効に組み合わせることができる。つまり，自由化時代の政策の決め手は，地域のニーズにマッチした信用をどのように開拓するかにかかることになる。

　金融自由化の時代に規制の必要性を提案するのも，不良債権の発生が自由化

を阻害する要因となる以上，それを克服する金融規制が不可欠であるからである。日本と同様に不良債権に苦しんだ米国の経験が参考になるが，本稿で取り上げる新しい金融規制は，1970年代半ば頃までの規制と異なって，公正な競争条件の構築を目指す共助社会の倫理的な規制である。自由化が生み出す弊害を抑えるためには，政府および地方自治体内の協業に加えて，企業，金融機関，さらにNPO，NPOバンク，NGOなどの市民団体，そしてコミュニティビジネスに携わる人々を支える地域の医療・介護，研究・教育機関さらにコミュニティの主役である市民・住民との協業，コミュニケーションが必須であることを否定できない。そこで，共助の強化が望まれることになる[7]。

## 2.2 共助社会の新しい規制

「共助社会」とは，主として，大規模企業の生産および投資家の場である市場経済と小規模事業の生産および家計の日常生活の場である共同体経済を結ぶ中間領域のことであり，企業を主役とする経済セクター，WTOなどの国際機関，各国政府・地方自治体を主役とする政治セクター，これら2つのフォーマルセクターに，市民（住民），家族，NPO・NPOバンクなどの市民団体を主役とする社会セクター（インフォーマルセクター）が第3のセクターとして新たに加わり，市場の自助また政府・地方自治体の公助だけでは解決が難しい諸問題に立ち向かうことになる。それゆえ，共助が重要な役割を果たすことになる。第3セクターの共助を重視するのが福祉ミックス論[8]であるが，市場メカニズムが需給を自動調整する経済システム，多数決原理が調整する政治システムに，人間の愛と相互性が社会を調整する福祉ミックスの共助が自助と公助を結ぶ役割を果たすことになる。

実際，共助の行動を，東日本大震災，熊本地震，さらに能登半島地震で確認することができる。2011年3月11日に発生した東日本大震災は，白河市，須賀川市，国見町，天栄村，富岡町，大熊町，浪江町，鏡石町，楢葉町，双葉町，新地町において震度6強，また相馬において最大波9.3m以上の津波を伴った。さらに福島原子力発電所は地震翌日に1号機の水素爆発，翌翌日に3

号機の水素爆発，それに伴い2号機の炉心損傷を引き起こした。

　この状況に対して，東日本大震災・復旧・復興事業を対象とする2021年度決算において，震災復興税935億円，一般財源充当分3億円，それに復旧・復興事業に係る地方債のうち公営企業会計等分4億円が充てられた[9]。同様に日本銀行福島支店，それに民間金融機関が預金の払い出しなどにいち早く対応した。また，新しい産業を起こし，持続的な成長を実現する「福島・国際研究産業都市（イノベーション・コース）構想」が展開されている。さらに，将来の福島を見越して，「いわきバッテリー構想」，「ふくしま医療機器開発支援センター」，「スマートシティ会津若松」への取り組みも進められている[10]。これらの行動はフォーマルセクターサイドからの共助である。

　他方，インフォーマルサイドの共助活動も目覚ましい。海外からの大規模な支援活動も行われたが，被災者がいくつかの班に分かれて，補給物資の配給や炊き出しを行うなど被災者による自発的な自治組織づくりも始まった。東日本大震災をきっかけに立ち上げられたプロジェクトの「助け合いジャパン」は，内閣官房ボランティアと連携し，現地からの情報提供を受けながら，インターネットを通じてボランティアによる救援を支援している。その後，「助け合いジャパンボランティア情報ステーション」を中心に，情報収集，発信活動が行われている。

　熊本地震と能登半島地震においても，活発なボランティア活動が見られる。熊本地震は，2016年4月14日，熊本県熊本地方においてマグニチュード6.5，益城町で震度7を観測した[11]。被災市町村の社会福祉協議会が設置した災害ボランティアセンターに11万人以上の個人ボランティアが全国から駆けつけたほか，さまざまな専門性やノウハウを有するNPO等のボランティア団体により，避難所の運営，災害ボランティアセンターの運営支援，支援物資の供給，炊き出しなど多様な支援活動が行われた。

　能登半島地震は，2024年1月1日に発生，石川県内で最大震度7が観測され，1月末時点で，新潟県，富山県，石川県，福井県，長野県，岐阜県，大阪府，兵庫県で被害を発生させている。2024年1月29日時点では，ボランティ

ア活動は開始準備中の段階であったが，各市町村に所在する社会福祉協議会と
ボランティアセンターの連携によって，被災地の復興に貢献している[12]。

　いずれにしても，ボランティア活動の主なプレーヤーであるNGO・NPO
は，議会の審議を必要としないので，災害に対する援助のように，社会的ニー
ズに迅速に応えることができる。迅速性，自由性，独立性の強さに加えて，地
域性や専門性が高い経済社会であれば，効率的な公共財の分配を行うことがで
きるものと考えられる。

　福祉国家の概念と経済効率を重視する新自由主義を組み合わせた福祉ミック
ス論によれば，経済・社会構造を変革する社会システムが，市場の機能の強化
と公的・計画的な福祉供給を同時に行うために不可欠な存在ということにな
る。その重要なポイントは，公的部門と社会部門の協業によって福祉が実現さ
れることにある。福祉ミックス論が登場してきた背景には，①市場の失敗より
も，政府支出の安易な拡大，財政赤字の慢性化が目立つようになったこと，②
経済環境の変化の中で，規制緩和と小さな政府が強調されすぎるようになった
ことへの反省，③人口高齢化の予想以上の進展により，福祉財政が困難になっ
たと認識されるようになったことをあげることができる。

　福祉ミックス論が社会セクターを重視する理由は，①公的福祉供給の不足分
を補完することによって，適切な福祉水準を維持すること，②市場の失敗と政
府の失敗が同時に起こった場合に，参加型の社会部門（インフォーマル・セク
ター）の出番があり得ること，例えば，信頼と情報の不備が存在する場合，囚
人のジレンマやゼロサムゲームをもたらす危険性があるが，共有，信頼，学習
による相互理解を可能とする参加型システムが必要になること，③非営利組織
はしばしば無償あるいは低料金でサービスを提供するので，福祉財政の節約に
役立つこと，④人間的要素の導入にとって，社会部門は不可避であること，こ
れらの理由による。

## 3 ── コミュニティの活性化

### 3.1 三位一体改革

　共助社会の視点において，「三位一体改革」と「まち，ひと，しごと創生基本方針」を主な対象として，政府・地方自治体の諸政策を辿ってみよう。

　三位一体改革は，1999 年 7 月に成立，2000 年 4 月に施行された地方分権一括法が土台になっている。地方分権一括法の目的は，国および自治体が分担すべき役割を明確にすることで自治体の自主性・自律性を向上させ，個性豊かで活力に満ちた地域社会構築を目指すことにあった。その後，2004 年になって，国庫補助金の廃止・縮減，税財源の移譲，地方交付税の一体的な見直しを核とする三位一体改革が実施された。

　国から都道府県，市町村，地域コミュニティへの権限移譲につれて，地域のニーズにより適したサービスを提供することができるようになるはずであった。そして，住民自らが地域経営に参加し，サービスの提供と負担の水準を決める住民自治が分権改革の理想を実現するかに思われた。しかし，真の意味で地方分権を実現するためには，地方交付税制度，地方財政制度を再考するだけでなく，地方の時代にふさわしい税源移譲のしくみを考える必要が生じる。すなわち，地域が独自政策を実行するためには，自由に使える財源の充実が欠かせない。しかし，地方消費税の引き上げによる増税は難しい。

　そこで，使途未定の紐つき補助金を自治体が自由に使える資金にする一括交付金に替えることで，地方財源の自由度を高める政策が効果を高めることになる。地域の資金を地域で活用する考え方が強調されるようになった背景に，特に市民・住民に親しいはずの郵便局の低い預貸率があった。

　「**図表 1 − 1**」のように，郵便局，農協，地方銀行，信用金庫の地域金融機関，それに参考として都市銀行の預貯金残高，貸出金残高，預貸率を見てみると，2000 年度時点の郵便局の貯金残高は 250 兆 3,691 億円と，これらの地域金融機関の中で最も多かった。2005 年度の預貯金残高も 199 兆 9,225 億円に減少したとは言え，都市銀行の 250 兆 7,624 億円に次いで多かった。

ところが，2005 年度時点の郵便局の貸出金残高はこれらの金融機関の中で最も少なく 4,092 億円に限られ，預貸率はわずか 0.2% に留めている。とりも直さず地域の資金が地域外に流失していることになる。

　この状況が，郵便局や政府系金融機関の改革に反映されている。まず，2004年 4 月に郵政事業庁から日本郵政公社に管理運営がまかされることになった。この改革は入口改革と呼ばれるが，2007 年 10 月，郵政民営化が行われ，政府が全株を保有する日本郵政の下で，ゆうちょ銀行，かんぽ生命保険，郵便事業

| 図表 1 − 1 | 金融機関別　預貯金・貸出金残高・預貸率 |

(単位　億円)

| 金融機関＼年度 | 2000 | 2005 | 2010 | 2015 | 2020 | 2022 |
|---|---|---|---|---|---|---|
| **都市銀行** | | | | | | |
| 　預貯金残高 | 2,102,820 | 2,507,624 | 2,742,676 | 3,235,087 | 4,332,234 | 4,636,249 |
| 　貸出金残高 | 2,114,602 | 1,864,176 | 1,741,986 | 1,853,179 | 2,072,988 | 2,132,297 |
| 　預貸率 | 100.6% | 74.3% | 63.5% | 74.4% | 47.9% | 46.0% |
| **地方銀行** | | | | | | |
| 　預貯金残高 | 1,785,742 | 1,888,910 | 2,124,424 | 2,482,863 | 3,054,406 | 3,247,058 |
| 　貸出金残高 | 1,357,090 | 1,401,026 | 1,571,010 | 1,846,204 | 2,294,424 | 2,470,331 |
| 　預貸率 | 76.0% | 74.2% | 53.2% | 74.4% | 75.1% | 76.1% |
| **信用金庫** | | | | | | |
| 　預貯金残高 | 1,037,919 | 1,092,212 | 1,197,465 | 1,347,476 | 1,555,960 | 1,602,802 |
| 　貸出金残高 | 662,124 | 626,706 | 673,551 | 673,202 | 784,374 | 798.305 |
| 　預貸率 | 63.8% | 57.4% | 53.2% | 50.0% | 50.4% | 50.0% |
| **農協** | | | | | | |
| 　預貯金残高 | 720,945 | 788,653 | 858,181 | 959,187 | 1,068,700 | 1,086,451 |
| 　貸出金残高 | 214,983 | 207,472 | 223,191 | 206,362 | 215,956 | 229,419 |
| 　預貸率 | 29.8% | 26.3% | 26.0% | 21.5% | 20.2% | 21.1% |
| **郵便局** | | | | | | |
| 　預貯金残高 | 2,503,691 | 1,999,225 | ― | ― | ― | ― |
| 　貸出金残高 | 8,200 | 4,092 | ― | ― | ― | ― |
| 　預貸率 | 0.3% | 0.2% | ― | ― | ― | ― |

　出所：農林中央金庫『農林金融』各年次版より作成。

会社，郵便局の 4 社に分社された。

　しかし，問題は，郵政民営化がどのように民間企業および金融機関の経営そして地域経済を活性化するかであった。ゆうちょ銀行の 2002 年度の貯蓄残高が 194 兆円と巨大であっただけに[13]，メガバンクや地方銀行，保険会社との競合問題が深刻であった。

　加えて，ゆうちょ銀行の経営そのものも，楽観視できる状況ではなかった。2007 年度時点の予測値ではあったが，長期金利を 1.675％ の横ばいとするケースでの経常利益は 2007 年度の 2,170 億円から 2008 年度の 5,360 億円へと増加するものの，2011 年度には 5,070 億円に低迷すると予想されていた。他方，長期金利が 2011 年度までに 4％ へと上昇していくケースでは，2007 年度の 3,560 億円の経常収支は 2008 年度には一旦は 4,140 億円に増加するものの，2011 年度には 1,310 億円に低下すると予想されていた[14]。

　さらに，2007 年 10 月時点・発足当時の郵便局のポートフォリオは，総運用額 186 兆 2,000 億円の 80.5％ に相当する 149 兆 8,700 億円が国債に向けられていた。国債以外の主な運用先は，預託金の 7.5％，地方債の 4.4％，社債の 3.9％ であって，貸出金は 2.2％ を占めるのに過ぎなかった。

　一方，出口改革と呼ばれる政府系金融機関の制度改革において，2008 年 10 月，国民金融公庫，農林漁業金融公庫，中小企業金融公庫，国際協力銀行の国際金融業部門を統合，日本金融公庫が設立された。また，公営企業金融公庫を廃止，地方自治体の共同出資による地方公営企業等金融機構に移管した。同時に，日本政策投資銀行と商工組合中央金庫が民営化された。

　これらの政府系金融機関は，原則として，各機関が財投機関債を発行することによって，直接，金融市場から資金を調達することになった。各機関の自立を促すこの過程で，郵便貯金と政府系金融機関を仲介していた旧大蔵省資金運用部が廃止され，郵便貯金も郵便局の簡易生命保険をはじめすべての政府系機関の自立を促す自主運用となった。

　特に市民生活に身近な郵便局の場合，資金運用部から離れたことで，貯金と貸出が直結する可能性が生じたことになる。2008 年の改革は，さらに民間補

完を徹底すると共に，入り口（郵便貯金，厚生年金，国民年金）と出口（政府系金融機関，公団，事業団）を分断する目的を持っていた。

加えて，地方の歳入もサブプライムローン問題の影響を受け，2007年度の83兆1,261億円から2009年度の82兆5,557億円へと減少した[15]。この流れは，2005年度と2020年度の地方自治体の歳入を比較した**図表1-2**によっても明らかになる。

2005年度から2020年度にわたって，主な歳入は，地方税，国庫支出金，地方交付税，地方債と変わらない。しかし，2005年度の時点で全収入の37.4%を占めていた地方税は，2020年度に40兆8,256億円に増加したものの，そのシェアは，31.4%に低下した。同様に，同期間の地方交付税は18.2%から13.1%に低下している。反対に，同期間の国庫支出金は12.7%から28.8%に大幅に増加，また地方債もシェアはそれほど目立たないものの，7兆5,060億円から12兆2,607億円に増加している。

さらに，地方債資金別発行額の構成を見ても，政府資金が2005年の2兆4,458億80万円から2008年の6,881億6,200万円へと減少したのと対照的に，

| 図表1-2 | 地方自治体の歳入 |

単位：億円，（%）

| | 2005年度 | | 2020年度 | |
|---|---|---|---|---|
| 地方税 | 348,044 | (37.4) | 408,256 | (31.4) |
| 地方贈与税 | 18,490 | (2.0) | 22,323 | (1.7) |
| 地方特例交付金 | 15,180 | (1.6) | 2,256 | (0.2) |
| 地方交付税 | 169,587 | (18.2) | 169,890 | (13.1) |
| 国庫支出金 | 118,096 | (12.7) | 374,557 | (28.8) |
| うち臨時財政対策 | 29,029 | (3.1) | 31,116 | (2.4) |
| 地方債 | 75,060 | (8.1) | 122,607 | (9.4) |
| その他 | 156,205 | (16.8) | 20,583 | (15.5) |
| 歳入合計 | 929,365 | (100.0) | 130,472 | (100.0) |

出所：総務省『地方財政白書』より作成。

民間資金（市場公募債，共同発行債，住民公募債，銀行等引受）は，10兆7,396億7,600万円から12兆9,799億9,900万円に増加している[16] これらの指標は，地方分権が進展したことだけでなく，地域自身の資金調達の必要性が高まったことを示唆している。

　フォーマルセクターの役割を，市場の失敗の補完，ナショナル・ミニマムの実現，金融インフラの構築に留めるとしても，財政赤字の中で介入の継続が効率的な資金配分を損ね，厚生の獲得を難しくすることを避ける必要がある。自由化，規制緩和が急がれているのも，上述の問題点に対応するためである。

　サブプライムローンの反省から地方分権化や共助社会がクローズアップされたが，その意識を強めたのが2008年のリーマンショックであった。リスクと規制の課題に応えたのが，2010年1月に発表されたオバマ米大統領の新金融規制であった[17]。

　過度のリスクテイクの禁止と納税者保護を目的とする新金融規制案は，金融機関の事業内容と規模の制限を2つの柱にしていた。事業内容を制限するため，預金を原資とするヘッジファンドの所有および投資を禁止すると共に，自己資金勘定による高リスク投資を制限している。他方，大きすぎて潰せない状況をなくし，モラルハザードを避けるために，市場からの借入（負債）に上限を設けるなど，レバレッジ（負債比率）と経営規模を制限していた。

　金融機関に厳しい目を向けた新金融規制の背景にあるのが，低い金利の恩恵を受けた銀行が顧客の利益と関係のない自己勘定取引で得た利益を自分の懐にいれるのにも関わらず，預金を使ったリスク投資で損失を被るときにだけ，政府の救済を受けがちだとする不公平感である。しかし，自己資金取引は銀行の利益の大部分を占めているだけに，新規制によって，融資を手掛ける商業銀行部門と証券引き受け・資産運用を行う投資銀行部門を分離した場合には，利益は大幅に減少してしまう。実際，銀行のヘッジファンド投資の禁止や自己勘定トレーニングを制限するボルカールールに対して，ゴールドマン・サックスなどの金融機関は成長と活力を奪う非現実的な提案であると批判していた。また，レバレッジを抑え経営規模の巨大化を防ごうとする規制案に対して，経営

規模は顧客や社会のニーズに応じて決まるはずであるので，規模を規制するのは筋違いである。むしろ，金融機関を破綻させる法制が弱いことこそが問題であると反論していた。

この反論の基盤になっているのが，市場の完全性を前提とした経済規制の緩和が市場メカニズムを高め，その結果，家計の福祉が高まるとの考え方である。しかし，市場が不完全であることが顕在化した今日，リスクビジネスの増加に対応し得る新しい金融規制が重視されることになる。

しかし，グローバル化，自由化の時代になぜ規制が必要なのかという疑問が，改めて，生じそうである。これに答えるためには，一口に規制と言っても，経済規制，プルーデンス規制，情報規制の３つの型の金融規制を識別する必要がある。経済規制とは，国内・外資企業の参入規制，業務分野規制，金利規制，政府証券購入規制，政府証券購入義務，金利補助および信用配分のことである。プルーデンス規制とは，銀行法，自己資本規制，格付け，情報公開など安全性や健全性を保ち，預金者・投資家を保護する諸規制のことで，情報規制とは銀行，保険会計，証券会社のそれぞれが取引する金融商品の価格と数量を会計基準にしたがって報告する義務を負わせる規制のことである。

エンロン事件やサブプライムローン問題が生じるまでは，経済規制の緩和，自由化・グローバル化を促進する一方で，金融インフラ（以後，プルーデンス規制と情報規制を合わせて金融インフラと呼ぶ）が強固なのが米国である。対照的に日本や東アジア諸国は概して政府主導の下で開発金融機関を設立するなど，経済発展の核となる産業に低金利の長期資金を供給する経済発展パターンをとったために，さまざまな経済規制を課した反面，プルーデンス規制および情報規制は弱いと考えられてきた。

実際，日本の場合，1990 年のバブル崩壊は不完全な金融規制の下での住宅融資が主因となっていた。しかし，金融インフラが強固であると考えられていた米国においてさえ，銀行は連邦準備委員会か通貨監督庁（OCC）のいずれかに規制されるのに対し，保険は州政府，証券は証券取引委員会（SEC）に規制されるというように，規制体制が不備であったことが，サブプライムローン問

題を惹起したことがわかった。この状況を重く見たオバマ大統領の新金融規制は，新たに銀行監督機関を設立するなど，監視機能を強固にするものであった。

日本においては，不適切な金融規制の下での住宅金融専門会社への貸出，抵当証券，住宅ローン債権信託，抵当証書の発行が主因となっていた。住宅専門会社の不良債権問題は，金融仲介機能および金融政策波及効果の弱化に起因していた。すなわち，不動産を担保とする銀行が不動産価格の上昇を当て込んだこともあって，審査基準を不十分なものにして，金融仲介機能を弱めたことが一因となっていた。銀行の金融仲介機能とは，①マーケット・メイク，②期間転換機能，③リスク負担，それに，④情報生産機能（情報収集，審査機能，監視機能を合わせた機能）を統合したしくみのことであるが，大量の不良債権の発生は，1975年までの金融規制時代に統合されていた金融仲介機能がばらばらに分解された結果であった。すなわち，サブプライムローン問題と同様，不十分な金融インフラの下での証券化が要因になったと言えよう。

バブル崩壊後の経済・金融政策は不良債権の処理に注がれたが，公的資金投入によって目処が付き始めると，2002年の金融再生プログラム，2004年の金融改革プログラムのように，金融インフラの構築に重点が置かれるようになった。ただし，政策当局の関与だけで理想的なガバナンスが保証されるわけではないことから，金融機関自身のチェック体制が重視されることになる。しかし，金融改革が家計，市民の福祉を実現するためには，さらに歩をすすめて，市民参加型のコーポレート・ガバナンスが重要になる。

コーポレート・ガバナンスの目的は，企業経営者の不適切な意思決定を防止し，企業の健全性を維持することにある。すなわち，株主や従業員などの利害関係者が経営者の意思決定を不適切なものであるとした場合に，自己の利害に基づいて，経営者の意思決定を制約，変更をさせること，また予防させることにある。

しかし，主役が誰であるかによって，コーポレート・ガバナンスは，多数の株主が参加するオープン型（アングロサクソン型）コーポレート・ガバナンスと，メインバンクや株主持ち合いに象徴される日本のようなインサイダー型

（間接金融型）コーポレート・ガバナンスに分けられる。ところが，1970年代半ば頃までの規制時代には，それなりに有効であったメインバンクの監視機能，労働組合との緊張関係，官庁の監督機能が，企業の資金調達方法の多様化，金融自由化，経済規制緩和，労働運動の衰退に伴って弱化したこともあって，インサイダー型コーポレート・ガバナンスが疑問視されるようになり，オープン型への移行の必要性が強調されるようになってきた。

ただし，家計の預貯金が銀行，郵便局を中心に運用されている限り，アングロサクソン型のガバナンスをそのまま運用するのは困難と思われる。それだけに，インサイダー型のコーポレート・ガバナンスを土台としながらもそれを修正した独自のモデルが模索されることになる。

## 3.2 「まち・ひと・しごと創生基本方針」

2014年12月，人口減少を克服，将来にわたって成長力を確保し，活力ある日本社会を維持する目的の下，日本全体の人口減少の深刻化に対応すべく，「まち・ひと・しごと創生長期ビジョン」（長期ビジョン）が閣議決定された。それを踏まえ，以後5ヵ年にわたる「まち・ひと・しごと創生総合戦略」が策定された。2015年は地方創生政策のスタートアップ，地方創生元年であったが，地方においても，「地方人口ビジョン」と「地方版総合戦略」が策定され，具体的な事業が本格的に推進されることになった。

国の総合戦略に掲げられた基本目標を達成するための政策を取りまとめた「まち・ひと・しごと創生基本方針2015―ローカル・アベノミクスの実現に向けて―」は，4つの基本方針と，2つの横断的な目標が示されている。すなわち，「稼ぐ地域をつくるとともに，安心して働けるようにする」，「地方とのつながりを築き，地方への新しい流れをつくる」，「結婚・出産・子育ての希望をかなえる」，「ひとが集う，安心して暮らすことができる魅力的な地域をつくる」の4つの基本方針と，「多様な人材の活躍を推進する」と「新しい時代の流れを力にする」の2つの横断的な目標が示されている[18]。

この背景に，地方では，人財，資金の両面において域外との交流が滞り，既

存の効率が低いままの状態が続いていたことがある。そこで，ローカル・アベノミクス浸透を図る必要があることから，①各地の稼ぐ力の引き出し，②熱意と意欲のある地域へのインセンティブ改革を通じた「地域の総合力」の引き出し，③民間の創意工夫を最大限に活用した「民の知見」の引き出しに取り組むことによって，人財と資金が地方さらに全国に行きわたり，日本経済の活性化を実現するとされた。

　これらの課題のうち，①「各地の稼ぐ力の引き出し」に関しては，地域発のグローバルなトップクラス技術の発掘・育成のための仕組みの構築，新たな事業推進主体の形成，地域資源を活用した6次産業化の推進など，さまざまな角度から「地域の稼ぐ力」の向上に取り組む政策，②「地域の総合力」を引き出す」に関しては，日本版 CCRC（Continuing Care Retirement Community）構想の実現，コンパクトシティの形成，中山間地域等における「小さな拠点」の形成等を推進する政策，③「民の知見の引き出し」に関しては，「国家戦略特区」の活用政策，これらの政策が提示されていた。

　しかし，上述の一連の政策にも関わらず，人口は厳しい状況が続いた。総合戦略に掲げられた基本方針は毎年のように改訂され続けてきたが，「2014 年〜2019 年の第1期5ヵ年計画期」を終え，「2020 年〜」の第2期に入ると，「まち・ひと・しごと基本方針 2021」において，次のような政策の方向性が示された。第2期の政策を改めて見てみると，

1) 地方創生臨時交付金による取り組みとして，感染症の影響から回復を図る急場の対応，

2) 地方創生の3つの視点としての，①「ヒューマン〜地方へのひとの流れの創出や人材支援に着目した施策〜」，②「デジタル〜地域の課題解決や魅力向上に資する地方における DX に向けた施策〜」，③「グリーン〜地方が牽引する脱炭素社会の実現に向けた施策〜」，

3) 地方創生に向けた国民的な議論の喚起

4) 各省連携による政府一丸となった取組の推進

5) ①地域の実情に応じた取組に対する国の支援，②政策間連携の推進，ま

た，横断的な目標として，①地域での Society 5.0 の推進および地方都市 SDGs の実現，②多様なひとびとの活躍推進，誰もが活躍する地域社会の推進が掲げられているが，特に，技術革新と人々の労働へのインセンティブ高揚が特徴的である。

　上述のように，「まち・ひと・しごと創生基本方針 2015 及び 2021」は，総合戦略の政策パッケージをより一層拡充・強化することで，地方創生の深化に取り組む目的を持っていた。それゆえ，地域経済の停滞は，既存事業が生産性の低いまま存続しているためとして，

①　地域に人材と資金を引き込むことで労働生産性を高めより高い収益を獲得するなど，若い世代にとって魅力のある地域に代わることを目指した。

②　従来の縦割りの取組を排し，さまざまな分野における官民協働や地域間連携を通じ，コンパクトシティの形成など地域の総合力を最大限に発揮する環境を整えることをねらいとした。

③　民間の創意工夫と知見に着目，それを引き出すことを重視していた。働き甲斐のある職場を形成，人々の技術，資金，経営ノウハウを呼び込み，地域の活性化をねらいとした。


　2022 年 12 月に「まち・ひと・しごと創生総合戦略」として策定された「デジタル田園都市国家構想総合戦略」も，地方の社会問題すなわち「地方に仕事をつくる」，「人の流れをつくる」，「結婚・出産・子育ての希望をかなえる」，「魅力的な地域をつくる」の 4 つの基本方針を，デジタル活用によって遂行する戦略を立てている。要するに，デジタル基盤整備，デジタル人材の育成・確保とともに，規制改革および地方分権改革との連携，国家戦略特区との連携など政策間連携の推進を重視する戦略であった。

　しかし，市民の知見を引き出すためには，業務の効率を高める規制改革が効果的である。もともと，2013 年 12 月に成立した国家戦略特別区域法は，2014 年 5 月に東京圏の国際ビジネスおよびイノベーション拠点，関西圏の医療等イノベーション拠点および新潟市の大規模農業の改革拠点，養父市の中山間地農

業の改革拠点，福岡市の創業のための雇用改革拠点，沖縄県の国際観光拠点を1次指定していた[19]。

　規制改革のニーズを実現する目的の下，熱意のある地方自治体に「国家戦略特区」を推進する政策が施行され，構造改革特区，総合特区，国家戦略特区の3つの特区制度が措置された。このうち，構造改革特区は，特例として措置された規制改革事項であれば，全国どの地域でも活用できる制度である。総合特区は，地域の特定テーマの包括的な取組を，規制の特例措置に加え，財政支援も含め総合的に支援する制度である。「国家戦略特区」は活用できる地域を厳格に限定し，国の成長戦略に資する岩盤規制改革に突破口を開くことを目指した制度であるが，国家戦略特区と構造改革特区との提案を一体で受け付けるなど，連携して運用している。

　なお，外国人一般を診療対象とした外国医師の診療業務に係る新たな二国間協定の締結を要請する場合，これまで，締結国の自国民およびこれに準ずる者を診療対象として要請した上で，協定締結後に改めて外国人一般を対象とする特例適用の認定を受ける必要があったが，外国人一般を診療対象とした協定締結の要請をワンストップで行うことが可能になった[20]。

　また，非営利型のソーシャルビジネスとは別に営利型コミュニティビジネスのための国家戦略特区も設けられている。官民の垣根を超えた人材移動の柔軟化のケースは，スタートアップ企業における優秀な人材確保を目的として，国の行政機関の職員がスタートアップ企業で働きやすくするため，自治体，大企業に勤務する人材がスタートアップ企業で働き，一定期間内に再び国の職員になった場合の退職手当の算定についての前後の期間を通算することにしている。さらに，国，自治体，大企業に勤務する人材がスタートアップ企業で働きやすくするため，「人財流動化センター」を設置し，労働市場の流動性向上，スタートアップ企業における優秀な人材の確保に資する援助を行うことにしている。

　加えて，テレワーク等多様な働き方を普及させることにより，企業の働き方改革を推進し優秀な人材を確保するとともに，生産性を高め，企業の国際競争

力を強化するため，国と地方公共団体が連携し，テレワークを導入しようとする各種相談支援をワンストップで行う「テレワーク推進センター」を設置する。

さらに，市町村の条例制定により，工場敷地の緑地面積率等の基準の緩和を可能とする工場新増設促進のための関連法令の規制緩和も実施されている。

上述のように，停滞している地域に人財と資金の投入を拡大することで，魅力のある職場を生み出すことによって，人口減少問題と成長力確保の課題を解決しようとしていた。その実現のため，地域経済に人材を呼び込めるような生産性の高い・活力にあふれた新しい産業，また将来の成長を見込めるコミュニティビジネスの環境を整えるための支援が重視されることになる。


なお，「まち・ひと・しごと基本方針」は，「2014年〜2019年の第1期5ヵ年計画期」を終え，2020年度を初年度とする第2期「創生総合戦略」5ヵ年計画期に入っている。

直近の「デジタル田園都市国家構想総合戦略（2023改訂版）」においても，4つの社会課題解決・魅力向上策が掲げられているが[21]，「創生基本方針2021」の目標をもう少し詳しく見ておこう。

基本方針は感染症の影響からの回復を図るための急場の対応とともに3つの視点を明らかにした。すなわち，①ヒューマンに関して，2020年度の地方創生人材支援制度，地方創生テレワーク交付金と地方創生支援制度を活用している。

②デジタルに関して，農林水産業，観光といった地方の主要な産業や中小企業における生産性向上を可能にし，教育・医療・福祉などの住民生活の利便性・満足度を高め，地域の魅力を向上させるための重要な手段とした。その目的は，地方の停滞を打破するため，新しい都市の知識や技術を取り入れ，大容量，高速な移動通信システム（5G）の普及展開を促進することに置かれた。

特に自分の敷地に構築可能なローカル5Gは地域の発展に不可欠な21世紀の基幹インフラなので，地方への人財派遣や人材育成など，ローカル5Gを重視することで全国普及展開の促進を目指していた。具体的に地域課題を解決す

るため，スマート農林水産業，GIGA スクール構想，遠隔医療，自動運転など
を具体的な対象にした。

　③グリーンは，全国の児童・生徒に一台のコンピュータと高速ネットワーク
を整備する 5 Gha 創出の発現時期を早め，実質 GDP を押し上げる効果を期待
されていた。また，地域における DX は単にモノやサービスの生産性・利便
性を高め，経済的価値の向上をもたらすだけではなく，デジタル技術を活用し
て各地域の知識やノウハウが共有されることによって，新たな価値が創造さ
れ，他地域に波及することも期待されていた。

　しかし，地域活性化は究極的に地元の人々の意欲を掻き立てることができる
かどうかが鍵を握るように思われる。コミュニティ内での日常のコミュニケー
ションが新技術を生み出し，地域コミュニティの活性化に大きな影響を与える
可能性も秘めている。その意味で，郵便局の有効利用が重視されることにな
る。と言うのも，郵便貯金こそ 2007 年 10 月 1 日のゆうちょ銀行への継承を通
じて，金融機関としての寄与を低下させている[21]。ちなみに，郵便貯金の年度
別預入額を見てみると，地方分権一括法が施行された 2000 年度の 2,527 億
2,290 万 9 千円および翌 2001 年度の 2,568 億 2,354 万 3 千円から 2007 年度の
1,338 億 7,930 万 1 千円に減少している。

　払戻額も同年度に，それぞれ，2,627 億 5,953 万 3 千円および 2,674 億 1,538
万 4 千円から 2007 年度の 1,622 億 1,694 万 6 千円へと減少，残高も，それぞ
れ，2,499 億 3,361 万 1 千円および 2,393 億 4,177 万 1 千円から 2007 年度には
1,095 億 1,963 万 4 千円に減少している[22]。

　しかし，地域の特性，利用可能な資源を重視する「ひと・もの・しごと基本
方針」が示唆しているように，地方創生にとって，日本郵便の役割は欠かすこ
とができない存在である。貯金額が民営化以前よりも減少したとは言え，通常
貯金口座数約 1 億 2,000 万口座，かんぽ生命加入者約 2,105 万人を数えるほ
か，2,484 郵便局数の規模は巨大である。しかも住民にとって郵便配達箇所数
3,100 万箇所の日本郵政グループとコミュニティの連携が強く，日常生活のよ
りどころになっている[23]。ちなみに，2022 年度末のゆうちょ銀行預金は，194

兆円と家計部門の預貯金の約2割を担っている。また総務省郵政行政部の「郵便局に求める地域貢献に関するアンケート調査結果」によれば，すでに実施されている項目もあるが，「郵便局と協力して地域課題の解決・改善，地域の活性化のために取り組みが期待される上位10分野」は，次のようである。①地域の安全・防犯・見守り，②証明書発行等の行政サービス（住民票の写し等の交付，戸籍謄抄本等の交付，マイナンバーカードの電子証明書関連事務など），③防災・災害対応，④高齢者福祉，⑤空き家対策，⑥道路等インフラ管理・メンテナンス（道路損傷の情報提供等），⑦観光（地域の観光PR等），⑧地域の産業振興，⑨デジタル・データ活用（郵便局の窓口ロビーで希望する住民に対するスマートフォンやタブレット操作支援），⑩環境保全（不法投棄対策）。

これらの事務は，コミュニティの日常生活を支援，人々に安心感を与えると共に，郵便局，市役所，住民の間でのコミュニケーションを高め，それが新しいアイデア，技術革新に繋がる可能性を期待させる。

実際，きめ細かなサービスを提供する公共の施設が，人々のコミュニケーションと安心感を呼び，人口を増加させた例として，千葉県流山市を挙げることができる[24]。

2005年から2022年にかけて全国の人口が1億2,776万8千人から1億2,494万7千人へと282万1千人（22.0%）減少した中で，流山市の人口は，15万1,838人から20万6,137人へと5万4,299人すなわち35.8%の増加，同期間で1,216万1,029人から1,259万1,643人に増加した東京都の増加率3.5%を上回っている[25]。

2005年のつくばエクスプレス（TX）の開通が貢献したことも疑いないが，共稼ぎ子育て夫妻に焦点を当てた優遇政策をはじめとして，市民の安心感を誘う効率的な行財政，市民の参加とコミュニティを重視するさまざまな政策が実っていると推測できる。実際，子育て世代包括支援センターの設置，保育園の増設，病児・病後児保育，駅前送迎保育ステーションの設置，学童クラブや相談体制の拡充のように子どもの成長に沿った政策が実施されている。

しかも，行財政は，少ないスタッフ数やマーケット課の設立など強い経営組

織の下で遂行されている。この効率的な自治体経営を可能にしているのが，自治会を奨励，市民活動推進センターを設立しながら市民・民間団体との協業を実践する地域社会づくりである。

　市の基本計画である①「安心・安全で快適に暮らせるまち」，②「生きがいを持って健康・長寿に暮らせるまち」，③「良質な住環境のなかで暮らせるまち」，④「賑わいと魅力のあるまち」，⑤「誰もが自分らしく暮らせるまち」，⑥「子どもをみんなで育むまち」は，まさしく，国連で採択されたSDGs（持続可能な開発目標：Sustainable Development Goals）の方針に沿った市政が遂行されている。これらの計画を推進する資金も，市民税，固定資産税，市施設利用料などによって継続可能である旨，明示されている。

# 4 ── SDGs と共に歩む地方創生

## 4.1　SDGs を支える ESG 投資

　地方創生にとって，めまぐるしく変化しつつある内外の経済・社会問題への対応が難しいだけに，地域社会の持続可能性をいかに確保するかが今後の課題になる。資本市場ではこうした課題の解決と企業自らの成長戦略を並立させ，不確実な長期を見据えた価値創造に繋げようとする ESG 投資の主流化が進んでいる。

　2015 年，「あらゆる場所のあらゆる形態の貧困を終わらせる」，「あらゆる年齢のすべての人々の健康的な生活を確保し，福祉を促進する」，「気候変動及びその影響を軽減する緊急対策を講じる」など 17 個の目標を有する SDGs（持続可能な開発目標：Sustainable Development Goals）が国連で採択された。そこでは，「誰一人取り残さない」との理念の下で，人々を主役にした環境の E（Environment），社会の S（Social），ガバナンスの G（Governance）が目標にされているが，資金面から実現する手段が ESG 投資である。

　ESG ボンドは，2006 年にアナン国連総長が提唱した責任投資原則（Principle for Responsible Investment: PRI）が基盤になっている。PRI・6 つの原則[26]は，

①意思決定プロセスにおける ESG 課題の組込み，②株式所有方針に対応する ESG 課題の組み込み，③投資対象企業に対する ESG 課題の適切な開示，④資産運用業界において本原則が受け入れられ，実行に移されるような働きかけ，⑤本原則の実行効果を高める協業，⑥本原則の実行に関する活動状況報告，これらのことである。

　PRI によって，企業経営者は経営成績や決算などの財務情報に加えて，会社の経営戦略，リスクや ESG の 3 要素（環境，社会，ガバナンス問題）に関する非財務情報を適切に提供する使命が生じた。PRI そのものは個別企業を対象としたものであったが，この考え方を，世界全体に拡大したのが ESG 投資である。

　ESG ボンドは，環境問題を対象とするグリーンボンド（環境債），医療，教育，中小企業，農業などの社会問題を対象とするソーシャルボンド（社会貢献債），さらに，環境問題と社会問題の双方を対象とするサステナビリティボンド（サステナビリティ債）に分類される。

　日本の場合，ESG ボンドは欧米諸国に遅れ，2015 年に日本政策投資銀行を通じて初めて発行されたが，当初は政府系金融機関や地方自治体などの公共機関に限られていた。その後，商業銀行や事業会社などの民間企業でも発行されるようになった。これらの債券の中で，欧米諸国などでは，2014 年に国際市場協会（International Capital Market Association: ICMA）がグリーンボンド原則を策定したことからグリーンボンドが中心になっていた。しかし，2015 年の SDGs の採択以来，ソーシャルボンドはグリーンボンド以上に伸長，シェアも大きくなった。両者の目的を併せ持つサステナビリティボンドは遅れて誕生したものの，日本のそれは欧米諸国よりも高い成長率を示している。

　Global Sustainable Investment Review[27] によれば，世界全体の ESG（サステナブル）投資残高は，2016 年の 22 兆 8,380 億ドルから 2022 年の 30 兆 3,210 億ドルに増加している。最も投資額が多い欧州は同期間において，12 兆 400 億ドルから 14 兆 540 億ドルに増加，反対に米国は 8 兆 7,230 億ドルから 8 兆 4,000 億ドルに減少している。この中で同期間の日本は，投資額こそ低いものの 4,740 億ドルから 4 兆 2,890 億ドルにと 9 倍強の増加を果たし，際立っている。

その推進者になっているのが，地域金融機関であると推測できる。コミュニティビジネスを代表する中小・小規模事業と異なって，地域金融機関は，従来から，中長期的な視点で，非財務価値にも着目して，企業やプロジェクトに関わり，さまざまな観点からリスクと機会を把握し，取引先とコミュニケーションを続けてきた。この機能は，資本市場でESG投資が果たしているものと共通している。ESG的な視点が地域金融の伝統的な機能の中に自ずと備わっていると，考えることができよう。

テーマも気候変動のみならず，さらに拡大していくことが想定される中，元来備えているESG的な視点を確認し，これを信用リスク管理や事業性評価において強化することは金融機関のリスク管理を高度化すると共に，サービスの差別化要因にもなっている。

したがって，ESG地域金融の取組を効果的に進めるためには，課題認識や優先順位，期待される効果などに関して，地域のステークホルダーと対話し，地域社会のあるべき姿について共有することが条件になる。

要するに，受け身の姿勢ではなく，積極的に世界の潮流を活用することで地方創生を有利に進める姿勢が求められる。とは言え，これまでの地域金融機関の行動が示唆しているように，すでにSDGsへの対応，またESG投資が実施されつつあることも否定できない。ただし，綿密な企画にもかかわらず，それほど実効が上がっていないケースも存在することは確かである。

## 4.2 環境未来都市

日本では2015年9月，年金積立金管理運用独立法人（GPIF）がPRIに署名，最低限のリスクで年金財政上必要な利回りの確保を目指した。

また，それ以前にも，ESG投資の拡大に繋がる環境モデル都市と環境未来都市の選定などの政策が実施されていた[28]。

2011年度に行われた環境モデル都市の選定は，環境，社会，ガバナンスの三側面に優れたより高いレベルの持続可能な都市であることを政府が証明，公表する役割を果たした。政府による公表が，それを受けた市町村を鼓舞するこ

とになると思われる。

　その結果，「環境・超高齢化対応策等に向けた，人間中心の新たな価値を創造する都市」を基本コンセプトにして，「環境未来都市」構想の基盤を支える低炭素都市，温室効果ガス排出の大幅な削減など低炭素社会の実現に向け，高い目標を掲げて先駆的な取り組みにチャレンジする都市・地域として，2008年度に下川町，帯広市など13都市，2012年度につくば市，新潟市など7都市，2013年度にニセコ町など3都市が選ばれた。

　環境モデル都市の中から，さらに2011年度に環境未来都市として11都市が選定された。その中で，北海道下川町は，豊富な森林資源を活用した自立型の森林総合産業の創設や，集住化モデルによる自立型コミュニティの構築を目指している。また，福岡県北九州市は，公害克服や環境国際協力の経験・モノづくりの技術を基盤に「市民・企業・行政の連携」，「地域のつながり」を重視した取り組みを企画している。岩手県釜石市は，地産地消や生活応援センターでの保険・医療・福祉および介護の一体化等の産業福祉都市の構築を目的としていた。

　政府による公表手段だけでなく，2024年に，「地方創生に資するSDGs関連予算」も計上されている[29]。たとえば内閣府の「自治体SDGsモデル事業」補助金事業2億円は，SDGs未来都市のうち，「自治体SDGsモデル事業」に選定された都市・地域を対象として，その先進的な事業を推進するのに必要な経費（全体マネジメント普及啓発等経費及び事業実施経費）を補助する。その使途は広域連携SDGs未来都市計画に記載された「広域連携SDGsモデル事業」の中で総合的取組の初年度費用の補助である。

　同様に，内閣府予算5,000万円の「広域連携SDGsモデル事業」に選定された都市・地域を対象として，その先進的な事業を推進するために必要な経費（複数の自治体が実施する広域連携事業に係る経費）を補助する。こうした事例から，広報効果に加えて，資金援助も実施されていることがわかる。ただし，ESGボンド（ESG債）は，環境問題を対象とするグリーンボンド（環境債），医療，教育，中小企業，農業などの社会問題を対象とするソーシャルボンド，

さらに環境問題と社会問題の双方を対象とするサステナビリティボンドに分類される。

日本の場合，ESG ボンドは欧米諸国に遅れ，2015 年に日本政策投資銀行を通じて初めて発行されたが，当初は政策系金融機関や地方自治体などの公共機関に限られていた。

その後，商業銀行や事業会社などの民間企業でも発行されるようになった。これらの債券の中で，欧米諸国などでは，2014 年に国際市場協会（International Capital Market Association: ICMA）がグリーンボンド原則を策定したことから，グリーンボンドが中心になってきた。しかし，2015 年の SDGs の採択以来，ソーシャルボンドは，グリーンボンド以上に伸長し，シェアが最も大きくなった。さらに，両者の目的を併せ持つサステナビリティボンドは遅れて誕生したものの，最も高い成長率を示している。

サステナビリティボンドの一員として 2020 年代に目立ち始めたのが，医療体制の整備，ヘルスケアサービス，中小企業の資金繰り支援，失業手当を目的にするコロナ債，特に個人向けコロナ債である。

今後，ESG に対する市民の共感が一層高まるものと予想されるだけに，市民参加の条件が重視されることになる。それに備える環境づくりが必須になるが，市民の生活水準の向上は言うまでもなく，正確な情報の公開が条件になる。ところが，ESG 投資基準の策定には，財務情報だけでなく，環境問題，社会問題，ガバナンスに関する非財務情報が含まれるため，困難が予想される。そこで，非財務情報に強い地方銀行など地域金融機関との協業に期待がかかることになる。

実際，従来から，中長期的な視点で，非財務価値にも着目して企業やプロジェクトに関わり，さまざまな観点からリスクと機会を把握，取引先との対話を行ってきたことに着目できる。つまり，地域金融の伝統的な機能の中に，ESG 的な機能を備えていたと考えることができる。

要するに，地域金融機関の介在が，個人→小規模な団体→地方自治体→政府のボトムアップ方式の意志伝達経路を有効に機能させ，コミュニティビジネス

の伸長を促進すると考えることができる。

　実際，2019 年に環境省は，ESG 地域金融促進事業を支援し始めた。例えば，2021 年に「令和 3 年度地域特性における ESG 金融促進事業」の公募に対して，「地域における上場メーカー・サプライヤーが一体になった ESG ／ SDGs の取組促進」の研究テーマで応じた京都銀行が，取り組み促進支援先に採択された。また，同年，第四北越銀行・千葉銀行・北洋銀行が「持続可能な食産業の実現に向けた 3 行連携による ESG 地域金融の実践」の研究テーマで応募，取組促進先に採択されている[30]。

# 5── コミュニティ活性化の意志伝達経路

　人口増と技術革新が地方創生の原動力と思われる。目下，人口減が続いているのも，地域の基盤であるコミュニティの低迷が要因になっているからである。この状況の克服を目指して，コミュニティビジネスを基盤とする共助社会の視点から地域経済・社会の活性化を模索するのが，本稿である。

　コミュニティビジネスには，中小企業，小規模事業（農林水産業を含む），ベンチャービジネス，スタートアップ企業など営利的な事業と，それを支える医療・介護，自然環境・インフラ関連事業，育児・教育事業など非営利事業（組織を維持する程度の利益を得る必要があるが）が含まれるが，それぞれ，効率的な生産・サービス活動を行うためには政府，地方自治体，企業・金融機関などのフォーマルセクターと，家族や市民団体などのインフォーマルセクターとの間の効率的な協業が前提になる。

　しかし，市場の不完全性，不安定性をもたらす財政赤字，公共部門に特有な X 非効率，差別的な介入が存在し，市場の透明性，公平性を妨げている。こうした要因は，三位一体改革や「まち・ひと・しごと創生基本計画」などを通じた自由化，グローバル化によって，改善されるものと期待されていた。しかし，その障害となるモラルハザード，レントシーキング，過度な金融負債を利用する投機的な行動などが，新たな問題を投げかけている。

少なくとも地域問題に関する限り，新たに生じる問題を克服するのが，市民（住民）→コミュニティ→地方自治体→政府のボトムアップ方式のコミュニケーションと思われる。

そこで，第1に，可能な限り，間接，直接的に，議論を尽くし，人々のアイデアを集めると共に，市民・住民の意欲を高める方策の必要性を提案したい。

第2に，地域に現存の自然環境，設備，資本を最大限に活用することを提案したい。

中山間地域や高齢者にやさしい郵便局の企画，きめ細かな子育て企画によって人口増を実現した流山市などの事例が希望の灯を灯している。こうした事例を身近にとり上げ，人々の行動を鼓舞する分かりやすい広報の必要性を提案したい。

第3に，コミュニティビジネスの弱点である資金調達に個人が参加する機会が増えているだけに，電子化社会に生じやすい詐欺などの不誠実な行動から個人の貯蓄・投資を守る手段と制度の構築が待たれる。その際，事前的な規制を多用するよりも，違反者に対して事後的に透明・公正な厳罰を下す政策が望まれる。

## 【注】

1）閣議決定（2021），8-11頁。

2）岸真清（1996），235-237頁。

3）ミンスキー（Minsky, H. P.）（1986），p. 104およびpp. 165-169.

4）ショー（Shaw, E. S.），（1973）pp. 59-70.

5）1992年時点の建設・不動産向け貸出比率は，英国の3.3%，ドイツの3.2%に比べ，日本のそれは18.0%であった。日本銀行国際局（1998），70頁による。

6）勝又壽良・岸真清（2004），138-152頁。

7）岸真清・島和俊・浅野清彦・立原繁（2011），12-55頁および岸真清（2013）1-32頁を参照。

8）丸尾直美（1998），1-25頁。

9）総務省（2023），126-127頁および日本銀行福島支店（2020），126-127頁を参照。

10) 日本銀行福島支店（2020），1-26 頁。

11) 内閣府（2020），1-26 頁。

12) 社会福祉法人全国社会福祉協議会（2024），1-6 頁。

13) ゆうちょ銀行（2023b），1-5 頁。

14) 郵貯銀行に関するデータは，東洋経済新報社（2007）9 月 15 日号による。

15) 総務省，『地方財政白書 令和 5 年版』，126-127 頁。

16) 地方債協会（2023），1-2 頁。

17) 規制システム強化政策については，岸真清・島和俊・浅野清彦・立原繁（2020），36-37 頁を参照。

18) 閣議決定（2015），1-6 頁。

19) 内閣府（2024），1-4 頁。

20) 内閣府（2023），1-2 頁。

21) 閣議決定（2021），12-34 頁。

22) ゆうちょ銀行（2022），1 頁。

23) 日本郵便（2021），6 頁。また，ゆうちょ銀行（2023a），1-7 頁，および（2023b），1-4 頁による。

24) 流山市総合政策部企画政策課（2020），40-91 頁。また，岸真清（2021），217-233 頁参照。

25) 流山市は 4 月 1 日時点の数字，東京都は 10 月 1 日時点の数字。いずれも住民基本台帳の人口。流山市（2024），1-5 頁，および東京都の統計（2024），1-3 頁による。

26) United Nations（2019），1-4 頁。

27) GLOBAL SUSSTAINABLE INVESTMENT ALLIANCE（2022），p. 10.

28) 内閣府（2024），1-7 頁。

29) 閣議決定（2023），1-9 頁。

30) 環境省（2022），1-29 頁。

## 参考文献

閣議決定（2010）「環境未来都市構想の目指すもの」，https://future-city.go.jp/about/future-city（2024. 5. 24 アクセス）

第 1 章　共助社会の地方創生　│　31

──（2015）「まち・ひと・しごと創生基本方針 2015 －ローカル・アベノミクスの実現に向けて－」，kantei.go.jp/topics/2015/2015630hontai.pdf（2024. 2. 2. アクセス）

──（2021）「まち・ひと・しごと創生基本方針 2021」，https://www.chisou.go.jp/sousei/into/pdf/r03-6-18-kihonhousin2021hontai.pdf（2023. 5. 18 アクセス）

──（2023）「デジタル田園都市国家構想総合戦略（2023 改訂版）」，cas.go.jp/jp/seisaku/digital_denen/pdf/20231226honbun.pdf（2024. 2. 4 アクセス）

──（2023）「地方創生に資する SDGs 関連予算」，chisou.go.jp/tiiki/kankyo/teian/sdgs_kanrenyosan/sdgs-kanrenyosan.html.（2024. 5. 27 アクセス）

──（2024）「まち・ひと・しごと創生基本方針 2021」（2024. 2. 10 アクセス）

勝又壽良・岸真清（2004）『NGO・NPO と社会開発』同文館出版

環境省（2021）「「令和 3 年度地域における ESG 金融促進事業委託業務」における支援先金融機関の採択について」，env.go.jp/press/109753.html?print=true（2024. 5. 27 アクセス）

──（2022）「ESG 地域金融実践ガイド　別添資料：事例集」，greenfinance portal.env.go.jp/pdf/esg/esg-promotion-program_3.pdf（2023. 5. 16 アクセス）

──（2023）「ESG 地域金融実践ガイド 2.2」，env.go.jp/content/000123150,pdf（2024. 5. 25 アクセス）

岸真清（1996）「金融改革と住宅」早川和男・横田清 編著『講座 現代居住 4 居住と法・政治・経済』東京大学出版会

岸真清・島和俊・浅野清彦・立原繁（2011）『自助 共助 公助の経済政策』東海大学出版会

岸真清（2013）『共助社会の金融システム』文真堂

──（2020）「地方創生の金融規制改革」岸真清・島和俊・浅野清彦・立原繁『規制改革の未来』東海大学出版部

──（2021）「ESG 投資が導く新しい社会」『企業年報　第 39 号』中央大学企業研究所

社会福祉法人全国社会福祉協議会（2024）「全社協被災地支援・災害ボランティア情報」，https://www.saigaivc.com/20240/notojishin/tokusetsu/（2024. 2. 10 アクセス）

総務省『地方財政白書』，各年次版

地方債協会「住民参加型市場公募地方債」，各年次版

東京都の統計（2024）「住民基本台帳による東京都の世帯と人口」，https://www.toukei.metro.tokyo.lg.jp/juukiy/2005/jy05000001.htm（2024. 5. 31 アクセス）

東洋経済新報社（2007）『週刊東洋経済』9 月 15 日号

――（2012）「地方創生に資する SDGs 関連予算」，chisou.go.jp/tiiki/kankyo/teian/sdgs_kanrenyosan/sdgs_kanrenyosan.html（2024. 5. 16 アクセス）

内閣府（2013）「国家戦略特区」，chisou.go.jp/tiiki/kokusentoc/kokkasenryakutoc.html（2024. 5. 17 アクセス）

――（2013）「国家戦略特区制度の歩み」，chisou.go.jp/tiiki/kokusentoc/pdf/history02.pdf（2024. 2. 10 アクセス）

――（2020）「特集　平成 28 年熊本地震における NPO 等の活動について」，https://www.bousai.go.jp/kohou/kouhoubonsai/h23/63/special_01.html（2024. 2. 10 アクセス）

――（2023）「地方創生に資する SGDs 関連予算」，chisou.go.jp/tiiki/kankyo/teian/sdgs-kanrenyosan.html（2024. 5. 27 アクセス）

――（2023）「国際医療拠点での二国間協定に基づく外国医師の業務解禁について」，https://www.chisou.go.jp/tiiki/kokusentoc/230420_iryou.html（2024. 2. 17 アクセス）

――（2024）「国家戦略特区　制度概要」，https://www.chisou.go.jp/tiiki/kokusentoc/kokkasenryakutoc.html（2024. 2. 10 アクセス）

流山市総合政策部企画政策課（2020）「NAGAREYAMA」

――（2024）「流山市常住人口の推移」，https://www.city.nagareyama.chiba.jp/appeal1003878/1003882.html（2024. 5. 31 アクセス）

日本銀行国際局（1992）「建設・不動産向け貸出比率」，247

――調査統計局（2009）『日本銀行統計 2009』

――福島支店（2020）「福島県の経済・産業の推移と今後の課題～最近 30 年程度の変化を中心に～」

日本郵便（2023）『日本郵便の地方創生への取り組み』日本郵便

年金積立金管理運用独立行政法人（2015）「国連責任投資原則への署名について」，https://www.gpif.go.jp>pdf.signatory-UN-PRI/pdf（2024. 2. 17 アクセス）

農林中央金庫（1996）『農林金融』1996 年 7 月号　第 49 巻第 7 号（通巻 605 号）

ゆうちょ銀行（2022）「郵便貯金の年度別授け入額，払戻額」，yuchokampo.go.jp/

yucho.go/jp/yucho/pdf/tokeichonedobetsu_r4.pdf（2024. 2. 17 アクセス）

――（2023a）「ゆうちょ銀行の強み」，https://www.jp-bank.japanpost.jp/ir/investor/ir_inv_strengths.html

――（2023b）「2022年度末の貯蓄残高について」，yuseimineika.go.jp/iinkai/dai261/siryou261-3.pdf（2024. 1. 16 アクセス）

GLOBAL SUSTAINABLE INVESTMENT ALLIANCE（2022），*GLOBAL SUSTAINABLE INVESTMENT REVIEW 2022*，gsi-alliance.org/wp-content/uploads/2023/12/GSIA-Repoet-2022.pdf（2024. 3. 2 アクセス）

Minsky. H. P（1986）*Stabilizing an Unstable Economy*，Yale University Press.

Shaw, E. S.（1973）*Financial Deepening in Economic Development*，Oxford University Press.

United Nations（2019）「責任投資原則（Principle for Responsible Investment : PRI）」，https://upri.org/downloadac（2021. 1. 25 アクセス）

# 第 2 章

## 地方創生とその対応

# 1 —— 地方創生とは

### 1.1 地方創生の概要

　地方創生は，一般に地方地域の経済や社会の活性化を図るための取り組みやプロセスを指す。これは，人口減少や過疎化，産業の衰退など，地方地域が抱える課題に対処し，新たな活力を生み出すことを目指している。

　なお，これは第2章，第3章を通じて，リソースが十分にある状態という想定下で述べている。残念ながら地方は，ヒト・モノ・カネ・情報のいずれもが不足している。資源ベースで論じるとなれば，なし得ることは限定されるかもしれない。そこであえてポジショニング・アプローチの観点から論じ，必要な対策を挙げている。おとぎ話のように聞こえるかもしれないが，必要な資源は，国・地方自治体からの助成はもとより，国内外からの企業誘致等により，確保を企図したい。熊本の TSMC 進出の件などもあり，けっして夢物語というわけではないと考えるからである。

　また第2章，第3章を通じて，繰り返し同じ内容が挙げられているようにみえる。しかしこれはまったく同じということではなく，観点（切り口）が異なればその位置づけが変わることを示唆しているつもりである。以下は，地方創生の概要についての重要なポイントと考えられるものである。

　地方創生は，経済，社会，文化，環境などさまざまな側面から総合的にアプローチする。単なる経済の活性化だけでなく，住民の生活環境や地域の魅力向

上も考慮されるため，地方自治体，地元企業，地域住民，教育機関などのステークホルダーとの協働が重要となる。連携によって，持続可能な成果を生むための資源やアイデアを集結させることができる。また地方創生は，伝統的な産業だけでなく，新しい産業や技術の導入を通じて産業の多様化を進める。これによって，地域経済がより強靭で持続可能なものになることが期待される。さらに地方創生は，地域ごとの独自の資源や特性を活かすことを重視している。これには，地域の歴史，文化，自然環境などが含まれ，これらを活かした観光や特産品開発などが企図される。

　近年では，デジタル技術の活用も地方創生の一環として注目されている。情報技術やIoT（モノのインターネット），デジタルマーケティングなどが地域の発展を支援する手段として利用される。地方創生は，住民の意見や参加を大切にし，地域社会のコミュニティ形成を促進するため，住民が主体となって地域の未来を考え，行動することが核となる。これらの要素を組み合わせ，地域全体の発展を促進することが地方創生の目的である。政府，地方自治体，企業，住民が協力して，地域の魅力を引き出し，持続可能な発展を実現するためにさまざまな取り組みが行われている。

## 1.2　地方創生の重要性

　地方創生は，地域や地方の経済や社会を活性化し，持続可能な発展を促進するための取り組みや政策のことを含意している。これは，都市圏以外の地域における経済の停滞や人口減少，地域間格差の解消などに対処するために行われる一連の努力ともいえる。地域経済を活性化させ，地域全体の経済成長を促進することにより，雇用機会が増加し，地域住民の生活水準が向上することが期待される。地方創生には，都市と地方の格差を縮小させる効果があり，地域間での均等な発展が進むことで，国全体のバランスがとれ，社会的な不平等が軽減される可能性がある。地方の独自の資源や特性を最大限に活用することを奨励することにより，地域の強みを活かした産業や観光などが発展し，地域経済に貢献することとなる。また，地域住民が参加し，共同で活動することを促進

することにより，地域コミュニティが強化され，協力関係が築かれることが期待できる。さらに，若者や専門家が地域にとどまり，地域社会に貢献する環境を整えることで，人口流出を抑制し，地域の持続可能な発展を支える。自然環境や資源を保護しながら地域経済を発展させる方法を模索することにより，持続可能な開発が促進され，地域の未来にわたる健全な発展が期待される。これらの要素が組み合わさり，地方創生が成功すれば，地域全体の発展が促進され，持続可能な社会が構築される可能性が高まる。

## 1.3 地方創生の目的と目標

地方創生の主な目的は，地域の活性化と持続可能な発展を実現することである。具体的には以下のような目的がある。まず地方の人口減少や高齢化が進む中で，地域社会を維持し，活力を取り戻すことが重要である。これには若者や子育て世代の地方定住を促進することが含まれる。

地域の経済を活性化し，雇用を創出することにより，地域住民の生活を向上させる。そこには地元産業の振興や新たな産業の育成も含まれる。地域の経済を活性化し，雇用を創出するためには，既存の地元産業の振興と新たな産業の育成が重要である。以下に具体的な取り組みを示す。地元産業の振興の中でも地元産品のブランド化と販売促進は重要である。地元の農産物や特産品をブランド化し，品質保証とパッケージデザインの向上を図る。また地産地消を促進するため，地元産品を扱うマーケットや直売所を増やし，観光客向けの販促イベントを開催する。

地域特有の観光資源を活用し，観光ルートやツアープログラムを開発したり，観光地の整備や情報発信を強化することで，観光客の誘致を図る。宿泊施設や飲食店などの観光関連施設の整備も推進する。

さらに，地元企業への資金援助や税制優遇措置を講じ，新規事業の立ち上げや設備投資を支援するだけでなく，企業の経営改善や人材育成をサポートするためのセミナーやコンサルティングサービスを提供する。

高速インターネットの整備を進め，IT 企業やスタートアップ企業の誘致を

図ることは，地域経済の活性化とイノベーションの促進に非常に重要である。さらに，コワーキングスペースやインキュベーション施設の設置により，IT関連の起業家を支援する具体的な戦略である。地域全体に光ファイバーケーブルを敷設し，超高速インターネット接続を提供することで，最新の5Gネットワークを導入し，モバイルデバイスやIoT機器向けの高速・低遅延の通信環境を整備する。また，インターネットインフラ整備に対する補助金を提供し，地方自治体や民間企業のインフラ投資を促進する。地方自治体と民間企業が連携してインターネットインフラの整備を行い，地域全体のデジタル化を推進する。さらに，新規に進出するIT企業やスタートアップ企業に対して，一定期間の法人税減税を提供するだけでなく，設備投資や研究開発に対する税控除を導入し，企業の負担を軽減する。新規設立のスタートアップ企業に対しては，創業費用や初期運転資金を支援する助成金を提供する。革新的な技術開発を行う企業に対しては，研究開発費用の一部を補助する。フリーランスや小規模企業が利用できる共有オフィススペースを提供するさいには，高速インターネット，会議室，プリンタなどのオフィス設備を完備する。

　スタートアップ支援プログラムは，新興企業の成功を促進し，地域経済の成長を支えるための重要な取り組みである。設立から5年以内のスタートアップ企業，特に技術革新や新規市場開拓に挑戦する企業を対象とし，6ヵ月から2年間の集中支援期間を設け，企業の成長段階に応じて支援内容を調整する。

　経営戦略の策定支援として，ビジネスモデルの構築，事業計画の策定，成長戦略の立案をサポートする。マーケティング支援においては，市場調査，ターゲット設定，マーケティング戦略の策定を支援し，効果的なプロモーションを行う。財務管理上の支援も重要である。資金管理，収支計画の作成，キャッシュフローの最適化について指導する。とくにスタートアップにおいては資金調達のアドバイスが欠かせない。エンジェル投資家，ベンチャーキャピタル，政府の助成金や補助金の活用についてアドバイスする仕組みが必要である。ピッチトレーニングが有効な場合もあるため，投資家に対する効果的なプレゼンテーションの方法やピッチデッキの作成を指導する。また，投資家とのマッ

チングをはかるために，投資家や金融機関とのネットワーキングイベントを開催し，資金調達の機会を提供する。

　法務相談も必須のサービスとなる。契約書の作成，知的財産権の保護，法的リスク管理に関する相談を提供するもので，税務アドバイスは事業者が最も求めるものの１つである。税務計画，税制優遇措置の活用，税務コンプライアンスについての指導を行う。

　技術コンサルティングは，産業全体のIT化にともないその重要性が拡大している。例えば，製品開発，技術課題の解決，新技術の導入に関するコンサルティングを提供することとなる。プロトタイピングでは，プロトタイプの作成やテストを支援するための設備やリソースを提供する。連携研究機関は技術の高度化により要求度が高まっており，大学や研究機関との連携を通じて，共同研究や技術移転を支援する。設備の提供では，３Ｄプリンタやラボ設備など，プロトタイプ開発や製品テストに必要な設備を提供する。成果測定とフィードバックの構造化も求められ，KPI[1]の設定は前提となろう。企業ごとにキーパフォーマンスインディケーター（KPI）を設定し，定期的に進捗を評価する。定期的にフィードバックセッションを行うことで，プログラムの効果を評価し，必要な改善を行う。

　スタートアップ支援プログラムを通じて，起業家は必要な知識とリソースを獲得し，成功への道を切り開くことができる。これにより，地域のビジネスエコシステムが強化され，持続可能な経済成長が促進される。

### 1.3.1　ビジネスコンサルティング

　ビジネスコンサルティングは，スタートアップや中小企業が持続可能な成長を達成するために重要な支援サービスであり，経営戦略，マーケティング，財務管理などの具体的なコンサルティングを展開することとなる。経営戦略コンサルティングにおいては，ビジネスモデルの構築が主なテーマとなる。まず，企業のビジョンやミッションに基づいたビジネスモデルを構築し，競争優位性を確立する。次に，短期・中期・長期の事業計画を策定し，明確な目標設定と

達成手段を提供する。市場拡大，新規市場参入，製品ラインの拡充など，企業の成長を促進する戦略を立案するのである。リスク管理は保険が効かない領域が問題となるが，企業が直面する潜在的なリスクを特定し，それに対する対応策を策定する。

マーケティングコンサルティングでは，市場調査が基本となるため，ターゲット市場の調査を行い，競合分析，消費者動向の把握を支援する。これを前提としてマーケティング戦略の策定を行うのであるが，ターゲット市場に対する効果的なマーケティング戦略を策定し，ブランド構築と顧客獲得を支援する。また，SEO[2]，SNSマーケティング，オンライン広告キャンペーンの設計と実行を支援する。販売促進では，製品やサービスの販売促進活動を企画し，販売チャネルの最適化を図る。

財務管理コンサルティングでは，資金計画の作成とその調達がまず課題となる。企業のキャッシュフローを管理し，必要な資金を適切に確保するための計画を策定する。予算の策定と管理を支援し，収益性の向上を図るのに加え，財務諸表の分析を行い，経営の健全性を評価し，改善点を提案する。資金調達支援では，銀行融資，ベンチャーキャピタル，エンジェル投資家からの資金調達をサポートし，投資家へのプレゼンテーション資料の作成を支援する。

人材採用と育成では，適切な人材の採用と育成プランを策定し，企業の成長を支えるチームを構築する。これを有効に行うため組織開発を行うのであるが，企業文化の醸成や組織構造の最適化を支援し，効率的な運営体制を確立する。また，リーダーシップトレーニングを行い，経営者や管理職向りにリーダーシップスキルを向上させるトレーニングを提供する。

プロジェクト管理においては，まずプロジェクト計画を立てる。プロジェクトのスコープ，スケジュール，予算を策定し，実行計画を立てたうえで，プロジェクトの進捗を監視し，必要な調整を行う。計画についてリスク管理を行うが，プロジェクトに関連するリスクを特定し，適切な対応策を策定する。

さらに，IT戦略の策定がまず求められる。企業のビジネス目標に沿ったIT戦略を策定し，デジタルトランスフォーメーションを支援するのである。この

40

イノベーションを管理していくことになるが，新しい製品やサービスの開発を促進し，イノベーションのプロセスを最適化する。そして，データ駆動型の意思決定を支援するために，データ分析ツールの導入と活用方法を提案する。

これらのビジネスコンサルティングサービスを通じて，企業は経営のあらゆる側面で専門的な支援を受けることができる。これにより，競争力を強化し，持続的な成長を実現するための基盤を築くことが可能となる。

### 1.3.2 資金調達支援プログラム

資金調達支援プログラムは，スタートアップや中小企業が必要な資金を確保し，事業の成長を加速させるための重要なサポートである。ベンチャーキャピタル（VC）やエンジェル投資家とのマッチングを中心とした資金調達支援が中心となる。ビジネスプラン作成支援が資金調達の前提となるため，投資家に提示するための詳細なビジネスプランの作成をサポートする。これには，事業モデル，収益予測，市場分析，競争優位性の説明などが含まれる。この際，投資家が理解しやすい財務モデルを構築し，収益性，キャッシュフロー，投資リターンの予測を明確に示す。効果的なピッチデッキ[3]を作成し，企業のビジョン，製品やサービスの特徴，チームの強み，成長戦略を魅力的に伝える資料を準備する。

投資家との出会いの場を提供するために，定期的にネットワーキングイベントやピッチコンテストを開催する。これにより，企業は直接，投資家に自社をアピールする機会を得る。企業のニーズと投資家の投資方針に基づいて，適切な投資家との個別紹介を行うことで，効率的に投資家との関係を築くことができる。オンラインで投資家と企業をマッチングするプラットフォームを提供し，地理的な制約を超えて投資家とつながる機会が増えるだけでなく，投資家に対するプレゼンテーションスキルを向上させるためのトレーニングを提供する。これには，効果的なストーリーテリング，視覚資料の作成，質疑応答の準備が含まれる。模擬ピッチセッションを実施し，フィードバックを通じてプレゼンテーションの改善点を特定する。また，投資家視点でのアドバイスを提供

する。投資の安全性を担保するため，デューデリジェンス[4]の準備が求められるが，投資家からのデューデリジェンス要求に対応するため，必要な資料や情報を整理し，提供する。これには，財務諸表，法務書類，知的財産権に関する情報などが含まれる。デューデリジェンスプロセス全体をサポートし，投資家からの質問や要求に迅速に対応する。

　また，投資家との投資条件（例：株式の割合，評価額，取締役会の構成など）を交渉し，企業に有利な条件を確保するための支援を行う。投資契約書の作成やレビューをサポートし，法務専門家と連携して契約内容の確認と修正を行うなど，資金調達後の企業成長を支援するため，継続的なアドバイスやコンサルティングを提供する。これには，資金の効果的な活用，成長戦略の実行支援，次の資金調達ラウンドの準備が含まれる。投資家との良好な関係を維持するためのコミュニケーション戦略を支援し，定期的な報告や情報共有を行う。

　このような包括的な資金調達支援プログラムを通じて，スタートアップや中小企業は必要な資金を確保し，成長の加速と持続的な発展を実現することができる。

　技術サポートプログラムは，スタートアップや中小企業が技術的な課題を解決し，製品やサービスの開発を加速するための包括的な支援を提供する。まず，現在の技術スタッフや開発プロセスを評価し，改善点や最適化の機会を特定する。企業のビジネス目標に沿った技術戦略を策定し，技術開発のロードマップを提供するだけでなく，技術プロジェクトの計画，実行，監視を支援し，プロジェクトの成功を確実にする。また，製品やサービスのプロトタイプ開発を支援し，迅速なテストとフィードバックのサイクルを確立することで，ソフトウェアやハードウェアの実装をサポートし，開発チームがスムーズにプロジェクトを進められるようにする。テスト計画の策定，テスト自動化，バグ修正の支援を通じて，製品の品質を確保するのである。新技術の研究開発を支援し，製品やサービスの革新を促進するため，大学や研究機関との連携を通じて，最新の技術や知識を取り入れ，共同研究を進める。研究成果を商業化するための技術移転支援も提供する必要がある。データ収集，管理，分析のための

戦略を策定し，データ駆動型の意思決定を支援するのに加え，人工知能（AI）や機械学習（ML）技術の導入と応用を支援し，業務の効率化や新しいビジネス機会の創出を図る。また，データのセキュリティ対策を強化し，データの保護とプライバシーの確保を支援する。クラウドサービスの選定と導入を支援し，スケーラブルでコスト効率の高い IT インフラを構築するため，クラウド環境の管理と最適化を支援し，運用コストを削減しながらパフォーマンスを向上させる。クラウドベースの災害復旧とバックアップソリューションを提供し，ビジネス継続性を確保することも必要である。また，IoT デバイスの設計，開発，導入を支援し，スマート製品やサービスの実現をサポートする。IoT センサーの設置とデータ収集システムの構築を支援し，リアルタイムのデータモニタリングを実現したり，IoT デバイスのセキュリティ対策を強化し，デバイスとデータの安全性を確保する。システムの脆弱性を診断し，セキュリティリスクを特定した上で，適切なセキュリティ対策の導入を支援し，システムの安全性を強化する。また，従業員向けのセキュリティトレーニングを提供し，組織全体のセキュリティ意識を向上させるだけでなく，日常的な技術サポートを提供し，システムの問題を迅速に解決する。システムの定期的な更新とアップグレードを行い，最新の技術を導入することも重要である。システムのパフォーマンスを最適化し，効率的な運用をサポートすることで，技術サポートプログラムを通じて，企業は技術的な課題を克服し，革新的な製品やサービスを市場に投入するための基盤を強化できる。これにより，競争力を高め，持続可能な成長を実現することが期待される。

　最新技術や市場動向に関する研修プログラムを提供し，企業の技術力向上を図ることも重要である。地域の高速インターネット環境やコワーキングスペース，インキュベーション施設の魅力を国内外に発信するオンラインキャンペーンを展開したり，国内外の展示会や見本市に参加し，地域のビジネス環境を紹介し，企業誘致を促進する。地域に進出した企業の成功事例を紹介し，他の企業に対する誘致の説得材料とするだけでなく，地域の魅力や成功事例をメディアで取り上げてもらうことで，広範な認知を得る。

これらの戦略を総合的に実施することで，高速インターネット環境を活かし，IT企業やスタートアップ企業の誘致と支援を成功させ，地域経済の活性化とイノベーションの促進を図る。

その他，下記のような施策も重要となる。

- 太陽光，風力，バイオマスなどの再生可能エネルギー施設を設置し，関連産業を育成する。エネルギー効率の高い設備や技術の導入を支援し，地域全体でエコロジカルな産業を推進する。
- ICT技術を活用したスマート農業を推進し，農業生産性の向上を図る。農産物の加工・販売を含む6次産業化を進め，付加価値の高い商品を開発する。
- 地元のニーズに応じた職業訓練プログラムを提供し，地域住民のスキルアップを図る。若者や女性，高齢者を対象にした就労支援プログラムを実施し，多様な雇用機会を創出する。
- 新規事業の立ち上げを支援するために，スタートアップ資金の提供や起業家支援プログラムを実施する。ビジネスプランコンテストや企業マッチングイベントを開催し，起業家と投資家の交流を促進する。
- リモートワークに適した環境を整備し，都市部からの移住者を受け入れる体勢を構築する。リモートワークの促進により，地域外からの雇用機会を地域住民に提供する。
- 住民が主体的に参加できる地域プロジェクトを企画し，コミュニティの結束を強化する。
- 地域の課題解決に向けたワークショップやアイデアソンを開催し，住民の意見を取り入れた施策を実施する。
- 地域の未利用資源を発掘し，新たなビジネスチャンスを創出する。地元の伝統や文化を活かした新しい商品やサービスを開発し，地域ブランドを強化する。
- 地域内外へのアクセスを改善するために，公共交通機関の充実や道路網の整備を行う。自転車道や歩行者専用道路の整備を進め，地域内の移動を便

利にする。もちろんこれは多くの予算を必要とするため，あくまで可能な範囲での実施とならざるを得ない。

以上の取り組みを総合的に進めることで，地域の経済を活性化し，雇用を創出し，地域住民の生活の質を向上させることができる。地域の特性やニーズを的確に把握し，それに基づいた戦略を柔軟に実施することが重要である。

### 1.3.3 エコツーリズム

地域特有の自然資源，文化資源，歴史資源を有効に活用し，観光や地域ブランドを育成することは，地域の魅力を高め，経済を活性化させるための効果的な方法である。以下に具体的な内容を紹介する。スマートシティ技術の導入に加えて，エコツーリズムの推進も地域住民の生活を豊かにし，持続可能な社会の実現に大いに寄与する。以下にエコツーリズムの具体的な例を挙げる。

- 地域の自然資源を保護し，観光客が自然を楽しみながら学べるようにする。
- 自然保護区内にエコトレイルを整備し，ガイド付きツアーを提供する。
- 環境に配慮した宿泊施設を提供し，観光客に持続可能な観光の重要性を啓蒙する。
- 再生可能エネルギーを利用し，地元の素材を使用した建物を建設する。
- 地域の伝統文化や工芸，農業体験など，地元住民との交流を促進するツアーを提供する。これにより，地域経済の活性化と文化の継承が図れる。
観光客に対して環境保護の重要性を啓蒙するプログラムを実施する。
- ワークショップやセミナーを通じて，持続可能な観光の実践方法を学ぶ。
- 観光地内を自転車で移動できるシステムを導入し，交通渋滞の緩和と$CO_2$排出削減を目指す。
- 観光地を巡るバス路線に電気バスを導入し，環境への負荷を軽減する。
- 地元の農産物や工芸品を販売する市場やショップを整備し，観光客に地域の特産品を提供する。これにより，地域経済の活性化を図る。
- 観光業者と地元企業が連携し，持続可能な観光プランを共同で開発する。例えば，

第 2 章　地方創生とその対応 | 45

- 地元のレストランで地産地消のメニューを提供する。
- 観光地内でのごみの削減やリサイクル活動を推進し，環境への負荷を最小限に抑える。
- 観光客にも協力を呼びかけ，環境保護への意識を高める。
- 観光地の運営に地域住民が積極的に参画できる仕組みを構築し，観光による利益を地域全体で共有する。
- 観光客が地域のエコツーリズム情報を簡単に入手できるアプリを提供する。
- 観光地の紹介やルート案内，環境保護のアドバイスなどを提供する。
- QR コードや NFC 技術[5]を利用して，観光地の情報を提供するデジタルガイドシステムを導入する。これにより，紙媒体の削減と観光客の利便性向上が図れる。
- 地域住民が主体となって観光開発に参加する仕組みを作り，住民の意見を反映させた持続可能な観光モデルを構築する。
- 観光ボランティアの育成や地域ガイドの養成を行い，地域全体で観光客を迎え入れる体制を整える。
- 観光客と地域住民の交流イベントを開催し，地域コミュニティの活性化を図る。
- 地域の魅力を伝えるためのワークショップや体験プログラムを住民が企画・運営する。

　これらの取り組みを通じて，地域特有の自然，文化，歴史資源を最大限に活用し，観光や地域ブランドを育成することで，地域の魅力を高め，経済的な発展を図ることができる。住民の協力と持続可能なアプローチが重要であり，地域全体での取り組みが求められる。

### 1.3.4　再生可能エネルギーと環境保護

　環境に配慮した持続可能な社会を構築し，未来の世代に豊かな地域を継承する。これには再生可能エネルギーの利用や環境保護活動が含まれる。環境に配慮した持続可能な社会を構築し，未来の世代に豊かな地域を継承するために

は，再生可能エネルギーの利用や環境保護活動を推進する下記のような施策が不可欠である。

- 住宅や公共施設に太陽光パネルを設置し，地域全体でクリーンエネルギーの利用を促進する。
- 地域での太陽光発電所の設立を支援し，エネルギー自給率を高める。
- 風力発電が適した地域では，風力発電施設の設置を推進する。
- 小規模な風力発電システムを地域コミュニティで共同運営するモデルを導入する。
- 農業廃棄物や林業残渣を利用したバイオマス発電を促進する。
- バイオガスプラントを設置し，家庭や農場の有機廃棄物をエネルギーに変換する。
- 地熱資源が豊富な地域では，地熱発電を積極的に導入する。
- 地熱ヒートポンプシステムを活用し，暖房や冷房のエネルギー効率を向上させる。
- 地域の自然保護区や公園を整備し，生態系の保護を推進する。
- 地元の植物や動物の保護活動を支援し，生物多様性の維持を図る。
- リサイクルプログラムを強化し，住民に廃棄物の分別とリサイクルを促す。
- プラスチックの使用を削減するためのキャンペーンや代替品の導入を推進する。
- 河川や湖沼の水質監視と保全活動を実施する。
- 雨水の再利用や節水技術の普及を通じて，水資源の有効利用を図る。
- 産業施設や交通機関からの排出ガスを減らすための規制と技術導入を推進する。
- グリーンインフラ（緑の屋根や壁，都市緑化）の導入を促進し，大気の浄化を図る。
- 学校やコミュニティセンターで環境教育プログラムを実施し，次世代に環境保護の重要性を教育する。
- 地元の環境保護活動に参加する機会を提供し，住民の環境意識を高める。

- 環境保護活動への住民参加を促進し，地域全体での協力体制を構築する。
- 環境に関するワークショップやイベントを開催し，地域全体の意識を高める。
- 地元産品の消費を促進し，地域経済を活性化させる。
- ファーマーズマーケットや地元産品の販売イベントを開催する。
- 地域の自然資源を活用したエコツーリズムを推進し，持続可能な観光産業を育成する。
- 環境保護と観光を両立させるためのガイドラインを策定する。

　これらの取り組みを通じて，地域社会全体で環境に配慮した持続可能な社会を構築し，未来の世代に豊かな地域を継承することができる。住民一人一人の意識と行動が重要であり，自治体，企業，NPO などの多様なステークホルダーが協力して取り組むことが必要である。

### 1.3.5　具体的な施策

　地方創生の具体的な目標は，地域ごとに異なる場合があるが，一般的には以下のようなものが設定されている。

　人口の自然減少を抑え，Uターン・Iターンを促進して人口を増加させるためには，以下のような施策が有効である。まず，人口の自然減少を抑える施策として，子育て支援の充実，例えば育児支援サービスの拡充では，保育所の増設，保育士の待遇改善，保育料の補助などが挙げられる。教育環境の改善策としては，小中学校の設備の充実，学習支援プログラムの導入などが試行されている。家族支援策として，育児休業の取得促進，仕事と育児の両立支援制度の充実などが図られる。

　地方においては，医療体制の整備が切実な課題となっている。地域医療機関の充実，医師や看護師の確保，地域医療ネットワークの構築などは喫緊の課題である。若年層の流出により，高齢者福祉の強化は欠かせない。介護施設の充実，介護人材の育成，在宅介護支援の強化などが取り組まれている。

　住宅の余剰が問題となる一方，住宅支援の必要性は無くなるわけではない。若者や子育て世代に対する住宅購入や賃貸の支援は依然として重要である。イ

ンフラの整備は困難な状況に陥っており，地域人口の減少に加え，高度成長期に建設された施設については老朽化が目立っている。それも含めた交通網の整備，公共施設の充実，安全な生活環境の提供が求められる。

地域の魅力や生活環境，仕事の情報を発信するメディアやイベントの開催は近年増加している。地域プロモーションの一環として，移住フェアの開催，SNSやウェブサイトを活用した情報提供などが行われている。移住に伴う経済的負担を軽減するための補助金や奨励金の提供がなされており，移住者向けの住宅提供やリノベーション補助も誘因として打ち出している自治体も多い。

住居以上に就労支援は，移住者にとって欠かせない。移住先での就職・起業支援，地元企業とのマッチング支援などが求められる。テレワークが進んでいる以上，リモートワークのためのインフラ整備，テレワーク対応の仕事紹介なども必要である。

他の箇所でも触れているが，地方創生の核には，地元産業の振興がある。地元の特産品や観光資源を活用した産業振興，地域内企業の競争力強化などが施策に組み込まれなければならない。リクルートの前提として教育施設の充実が挙げられ，地元に高等教育機関を誘致するとともに，既存の教育施設の充実が求められる。移住者向けの職業訓練プログラム，技能習得支援なども整えられる必要がある。地方は古くからの居住者同士で一定のコミュニティが出来上がっていることが多いが，地域コミュニティの形成支援は移住者を含んだかたちで企図される。移住者と地元住民との交流イベントの開催などがその手段となり，地域活動への参加促進のため，地元の祭りやイベント，ボランティア活動への参加機会の提供も考えられる。

いくつかの地方自治体では，これらの施策を組み合わせて実施している。例えば，徳島県では「徳島暮らし」を推進し，移住相談窓口を設置し，UターンやIターンを促進している。また，長野県では「信州で暮らそう！」というキャンペーンを展開し，移住支援金やテレワーク支援を行っている。

これらの施策を通じて，地方の人口減少を抑え，Uターン・Iターンを促進し，地域社会の活性化を図ることが目指されている。

## 2 ── 地域分析と SWOT 分析

### 2.1 地域の特徴と資源

　地域の特徴と資源は多岐にわたり，それらを活用することが地域発展の鍵となる。地理的な特徴（山，海，川など）は，観光資源として大いに活用可能である。それぞれの自然景観が持つ魅力を引き出し，観光客を引き付けるための施策がなされる。登山・ハイキングのためには，トレイル[6]整備が有効であろう。安全で魅力的な登山ルートを整備し，案内標識や休憩所を設置することに加え，プロのガイドによるツアーを提供し，自然や文化について学べる機会を提供する。紅葉狩りや雪山登山など，季節ごとの魅力を活かしたイベントを開催したり，山の中腹や頂上にロッジやキャンプ場を設置し，自然の中での滞在，スキーやスノーボード，マウンテンバイクなどのアクティビティを提供する。

　文化・歴史を観光化することは必ずしも容易ではないが，寺社巡りなど山中に点在する寺社仏閣を巡る観光ルートを設定することや，地元の祭り，山岳信仰や伝統行事を体験できるイベントを開催する。ビーチリゾートは観光地の典型であるが，ビーチの整備が必要となる。清潔で安全なビーチを提供し，ライフセーバーを配置する。そこではウォータースポーツであるサーフィン，ダイビング，シュノーケリング，ジェットスキーなどのアクティビティを提供する。また，グルメツーリズムは観光の大きな要素となる。地元の新鮮な海産物を楽しめるレストランや市場を紹介するような情報提供が意味を持つ。さらに漁業体験ができるようなツアーで，観光客が漁船に乗って漁を体験できるプログラムを提供することができれば人気を博するかもしれない。観光船による美しい海岸線や島々を巡る観光クルーズを運行できれば，集客に寄与し得る。海上アクティビティとして，カヤックやセーリングなどの体験プログラムを提供することも効果が高い。

　海だけでなく，川も大きな観光要素である。リバーツーリズムの一環とし

て，急流や穏やかな流れの川でのラフティングやカヌー体験を企画できるとよい。川沿いに遊歩道を整備し，自然散策やバードウォッチングを楽しめる環境を提供することも考えられる。川釣りやフライフィッシングなど，初心者から上級者まで楽しめる釣り体験を提供する。これの延長線上で地域での釣り大会を開催し，観光客を呼び込む。

　川沿いの歴史的建造物である古い橋や川岸の街並みなど，歴史的な観光名所を紹介することも効果的である。川にまつわる祭りや行事を観光資源として活用する。事例として，日本のアルプス地域（長野県，岐阜県など）では，登山やスキーリゾートが人気で，四季折々の自然を楽しむ観光客が多く訪れる。また湘南地域（神奈川県）は，ビーチリゾートやサーフィンのメッカとして知られ，夏には多くの観光客が訪れる。熊本県の球磨川ではラフティングが有名で，急流下りのスポットとして国内外から観光客を引き寄せている。これらの自然資源を活用し，適切なインフラ整備やプロモーションを行うことで，地方の観光資源としての価値を最大限に引き出すことが可能である。

　地域住民の技能や労働力を産業に結びつけ，雇用の機会を創出することで，地域の歴史や伝統，文化的なイベントは観光資源として活用可能である。

　地域の伝統的な産業の維持・発展は地域が取り組まなければならないことであるが，伝統的な産業や職人技術の継承・発展は容易ではない。スクールの設置など地道な取組が求められる。とくに地域の特産物である特有の農産物や手工芸品，製品を活かしたブランド戦略が望まれる。

　以上の施策を現実化するためには，地域社会のネットワークの創出が前提となる。地域企業との連携はまず考えられることであり，地域企業と連携することによって地域経済を支える構造を形成していくことになる。これには働き手でもある地域住民の協力が欠かせない。地域住民の協力を得て，地域コミュニティを強化することが，地域企業の強化にも繋がる。良好な交通インフラがあれば，物流や観光振興に寄与することが可能だが，とくに地方公共交通の維持は困難である。地域へのアクセスがよければ企業誘致や観光資源の利用が期待できる。同様に地域のインフラとして，地域の学校や大学は人材の育成と地域

第2章　地方創生とその対応　51

への定着を促進する機関として重要である。もちろん現実は厳しく，高校の統廃合や大学の廃校も生じているのが地方の実態である。

　これらの特徴や資源を組み合わせ，地域の強みを最大限に引き出すことが，地方創生や地域発展の鍵となる。地域の特性に応じて戦略を練り，持続可能な地域社会を築くことが求められる。

## 2.2　人口動態と社会的要因

　人口動態と社会的要因は密接に関連しており，一方が変動するともう一方にも影響を与えることがある。以下は，人口動態と社会的要因の相互関係についての一般的な考え方である。

　出生率が高い場合は，若年層の増加や労働力の増強が期待されるが，資源や雇用の提供が求められる。日本の地方も高度成長期はある程度これが該当していた。一方で，死亡率が低いことが現在の大きな特徴である。平均寿命が延び，高齢人口が増加する可能性があり，医療や福祉への需要が増える。地方で高齢化がより促進され，保険料等が上昇基調にある。移民が増加すると，異なる文化や価値観が導入され，社会の多様性が広がる。地方によっては，外国人労働者が増加したところも散見される。また，移住により地域の経済や労働市場が変化し，新たな社会構造が形成されることがある。残念ながら地方においては大都市圏に移住する人が増え，人口が社会的に減少しているところが多い。

　高齢化が進む場合には，高齢者向けの医療や福祉サービスの需要が増加し，労働力が減少する可能性がある。逆に若年化が進む場合には，教育や雇用の提供が必要であり，若年層の需要に対応する社会インフラが求められる。教育水準が向上すると，労働力の質が向上し，経済発展に寄与する。教育の普及が進むと，出生率が低下する傾向がある。雇用機会や経済の成長が人口動態に影響を与えるため，景気が悪化すると出生率が低下し，移住や移民が減少することがある。医療の進歩が死亡率の低下に寄与し，健康な人口の増加につながる。健康状態が向上すると，出生率は低下することが一般的である。文化や価値観が変化すると，結婚や出産の慣習が変わり，人口動態に影響を与える可能性が

ある。

　これらの要因は複雑に絡み合い，社会全体の変化に影響を与える。政策立案や社会制度の構築においては，これらの相互作用を理解し，持続可能な社会の形成に向けた取り組みが求められる。

## 2.3　経済的な機会と課題

　新しい技術や産業の発展により，新たな雇用機会が創出され，イノベーションや研究開発が経済の成長を牽引する。輸出産業の発展により，国際市場での競争力が向上し，グローバルな市場にアクセスすることで，企業の成長が期待される。一方，教育・技術トレーニングへの投資が，労働力の質を向上させ，高度な職種に適した人材を輩出する。地域の自然や文化資源を活かした観光産業が発展することで，観光により地域経済が刺激され，雇用が生まれる。また，環境に配慮した技術や産業の発展が，新たな市場を開拓し，持続可能な経済を構築する。

### 2.3.1　経済的な課題

　不景気や技術の進歩により，一部の産業での雇用が不安定になることがある。雇用の不均衡や構造的な失業，収入格差や資産格差の拡大が社会問題となり，経済的な平等性が損なわれる可能性がある。地域間での格差が存在する場合，地域振興の必要性が生じる。新たな企業を地域に誘致するためのインセンティブ（税制優遇措置や補助金）を提供し，雇用機会を増やすなど，企業誘致活動は，地域経済の活性化と雇用機会の創出を目指して，新たな企業を地域に誘致するためにさまざまなインセンティブを提供する重要な施策である。

　例えば，新規に地域に進出する企業に対して，一定期間の法人税減税を提供する。これにより，企業の初期コストを軽減し，進出を促す。また，一定期間の固定資産税の免除や減額を行い，企業の投資負担を軽減したり，地域に新規に工場やオフィスを建設する企業に対して，設備投資に対する補助金を提供する。これにより，企業の初期投資負担を軽減し，誘致を促進する。地域住民を

新規雇用する企業に対して，雇用にかかるコストを支援する助成金を提供すれば，地域の雇用機会が増加する。

　企業が進出するために必要なインフラ（道路，水道，電力，通信など）の整備を行い，企業活動が円滑に行える環境を提供することも重要である。新たな企業が進出しやすいように，産業団地を整備し，企業に対して低コストで利用できる施設を提供したり，企業が進出する際の行政手続きを簡素化し，迅速に進められるようにワンストップサービスを提供することにより，企業の進出手続きの負担を軽減する。企業誘致に特化した担当者を配置し，企業のニーズに対応したサポートを行うことも必要であろう。

　地域の魅力を国内外に発信するためのマーケティングキャンペーンを展開し，企業の関心を引くことも重要である。特に，生活環境やビジネス環境の良さを強調するため，地域のビジネス環境や支援制度を紹介する見本市や展示会を開催し，企業関係者に地域の魅力を直接伝える。さらに，地域の教育機関と連携し，企業が求めるスキルを持った人材を育成するためのプログラムを提供することにより，企業が必要とする即戦力の人材を確保しやすくなる。地域の大学や専門学校と協力して，企業と学生のインターンシッププログラムを実施することで，将来的な雇用機会も創出できる。企業の従業員が快適に生活できる住環境を整備し，移住を支援するために，例えば，社員寮の建設や住宅補助を提供したり，企業の従業員とその家族に対して，医療，教育，文化施設などの生活支援サービスを充実させ，地域への定着を促進する。

　これらの施策を組み合わせることで，企業が地域に進出するための魅力を高め，地域経済の活性化と雇用機会の増加を実現し得る。企業誘致活動は，地域の持続可能な発展にとって重要な要素であり，継続的な取り組みが求められる。

## 2.3.2　インフラと環境の整備

　過度な経済成長が引き起こす環境問題や資源の乱用，環境汚染は，持続可能な発展を目指す上で大きな課題である。このような問題に対処するためには，環境保護と経済成長のバランスを取るための具体的な戦略と取り組みが必要と

なる。

- 炭素税や汚染者負担税を導入し，企業に環境保護へのインセンティブを与える。
- 再生可能エネルギーや環境保護技術を開発・導入する企業に対して，補助金や奨励金を提供する。
- エネルギー効率の高い技術や再生可能エネルギーの利用を推進し，環境負荷を軽減する。
- 農業，漁業，林業などの産業において持続可能な方法を導入し，資源の持続可能な利用を促進する。

### 2.3.3　環境保護政策と規制の強化

下記のような施策が重要となる。

- 大気汚染や水質汚染を防ぐための排出規制を厳格化し，違反者に対する罰則を強化する。
- 天然資源の乱用を防ぐために，採掘や伐採などの資源利用に関する規制を強化する。
- 生態系や生物多様性を保護するための自然保護区や国立公園を設置し，乱開発を防ぐ。
- リサイクルプログラムのなかで廃棄物のリサイクルを促進し，資源の有効利用を図る。
- SDGs（持続可能な開発目標）を推進する。
- 企業や自治体の活動にSDGsを統合し，持続可能な開発を目指す。
- 政府，企業，NGO，地域コミュニティが協力し，持続可能な開発目標を達成するためのプロジェクトを推進する。

### 2.3.4　持続可能な都市開発

ICT（情報通信技術）を活用し，エネルギー効率や交通の最適化を図るスマートシティを構築するさいには，持続可能な開発の観点から，経済活動の環

境への配慮が求められる。また，金融危機や不確実性が生じると，企業や消費者の信頼が揺らぎ，経済全体に影響が及ぶ。

これらの機会と課題に対処するためには，包括的な経済政策や持続可能な開発戦略，教育・技術への投資，社会的なインフラの整備などが必要である。

## 2.4 技術とインフラの現状

技術とインフラの現状は地域や国によって異なるが，一般的には急速な技術進化とインフラ整備の進展が見られている。AIや機械学習技術が進化し，企業や公共機関での活用が増えている。自動運転車，自動翻訳，医療診断など多岐にわたる分野での応用が進んでいる。

- 自動運転技術や交通インフラのデジタル化により，スマートシティの概念が広まり，交通効率やエネルギー効率の向上が期待されている。
- 金融や物流などの分野でブロックチェーン技術が導入され，取引の透明性やセキュリティが向上している。
- 5G通信の導入により，高速かつ安定した通信が可能になり，IoT（モノのインターネット）の普及が進んでいる。
- 太陽光発電や風力発電などの再生可能エネルギー技術が進み，環境への配慮が強調されている。
- ゲノム編集技術やバイオテクノロジーの進展により，医療や農業分野での革新が期待されている。
- スマートハイウェイや高速鉄道の導入が進んでいる。
- インターネット接続の高速化や拡充が進み，デジタル社会の基盤が整備され，デジタルサービスの普及が進んでいる。
- 再生可能エネルギーの導入やスマートグリッドの構築が進み，エネルギーの効率的な利用が促進されている。
- 水資源の持続可能な管理と処理設備の改善が行われ，水のクオリティとアクセスが向上している。

- 医療施設の整備やデジタルヘルスケアの導入が進み，医療サービスの質が向上している。

これらの技術とインフラの進展は，社会や経済に大きな影響を与えており，今後ますます進化が期待される。

## 2.5 SWOT 分析の実施

### 2.5.1 SWOT 分析

地域の強み（Strengths），弱み（Weaknesses），機会（Opportunities），脅威（Threats）を分析し，それをブランド戦略に組み込むためには，以下のようなプロセスを踏むことが有効である。この手法はSWOT分析と呼ばれ，地域の特性を包括的に理解し，ブランド戦略に活かすための重要なステップである。

### 2.5.2 SWOT 分析の実施

**強み（Strengths）**

地域の強みは，その地域が他と比較して優れている点や独自の資源を指す。観光資源としては自然景観，歴史的建造物，文化的施設など，経済的特性としては主要産業，雇用機会，経済成長率などが挙げられる。インフラ関連では，交通アクセスの良さ，通信環境の整備状況がポイントとなる。教育・研究機関では大学や研究所などの高度先端技術について研究開発している機関が対象となる。

**弱み（Weaknesses）**

地域の弱みは，改善が必要な点や他地域に劣る部分を指す。すなわち経済的課題としては雇用の減少，産業の衰退などが該当する。社会的課題では一般的に人口減少，高齢化社会が挙げられよう。特に地方では，交通の不便さ，施設の老朽化が目立つ。イメージ面でのマイナスも大きく，ブランド認知度の低さ，ネガティブな印象が挙げられる。

**機会（Opportunities）**

地域が活用できる外部環境のポジティブな要因を指す。近年の観光ブームで

は特定の観光資源が注目されている。政府の支援や補助金の活用も追い風となろう。デジタルマーケティングやオンライン販売といったIT化の恩恵を受けることもできる。またグローバルなネットワーク構築も可能になってきている。

**脅威（Threats）**

　地域が直面する可能性のある外部環境のネガティブな要因を指す。他地域や国際市場での競争は激しくなっている。特に日本では，全体的な景気低迷が存在する。また，地震，洪水などのリスクが大きい。地方はどこでも同様であるが，若年層の流出，高齢化の進行が著しい。


### 2.5.3　ブランド戦略への組み込み

**強みの活用**

- 地域の強みを最大限に活かすことで，ブランドの独自性を強調する。
- 観光資源を活用したプロモーションとして地域の自然景観や文化財を紹介するキャンペーンを展開する。
- 地元産業をブランドの柱にするため地域特産品や地元企業のストーリーを前面に出す。
- 大学や研究所とのコラボレーションを通じて新しい価値を創造する。

**弱みの補完**

- 地域の弱みを補うための対策をブランド戦略に組み込む。
- 自治体や企業と協力して交通アクセスや施設の改善を進める。
- ブランドの認知度を高めるための広報活動を強化していく。
- 地域の雇用機会を創出するためのプロジェクトを推進する。

**機会の活用**

- 外部環境の機会を積極的に活用することで，ブランドの成長を促進する。
- デジタルマーケティングの活用をはかり，オンラインキャンペーンやSNSを活用してグローバルな顧客にアプローチする。
- 観光トレンドの取り込みを行い，新しい観光ニーズに応えるプランを提供する。

- 海外市場とのネットワークを構築し，インバウンド観光客を増やす。

**脅威への対策**

- 潜在的な脅威に対する備えをブランド戦略に組み込む。
- 競争への対応を強化するため，差別化戦略を強化し，競合との差別化を図る。
- 自然災害へ備えるために災害対策マニュアルの整備や安全性をアピールする。
- 経済不況へ対応するため，柔軟な価格戦略や多様な収益源を確保する。

### 2.5.4　ブランド戦略の実行

　分析に基づいて作成したブランド戦略を実行に移すときは，以下のステップを踏むと効果的である。まずは，マーケティング戦略の基本に立ち返るということになる。①ターゲット市場の設定として，ブランドの強みを最大限に活かせる市場を特定する。②ブランドメッセージの策定として，地域の特徴や価値を明確に伝えるメッセージを作成する。③プロモーション計画の実施では，広告，イベント，SNSキャンペーンなど，多角的なプロモーションを展開する。④これらを効果的に実施するためにパートナーシップの構築を考える。地元企業や団体，政府機関との連携を強化し，協力体制を整備する。

　これらのステップを通じて，地域の特性を最大限に活かしたブランド戦略を構築し，地域の持続可能な発展に寄与することができる。

**【注】**

1）業績評価指標は，ビジネスの種類や目的によって異なる。大学では，学生の留年率をKPIとし，企業では，KPIをリピーターからの収益率と設定可能である。一般的には新規獲得顧客数，既存顧客の状態，失われた顧客数などが対象とされる。

2）SEO（検索エンジン最適化，Search Engine Optimization）は，ウェブサイトを検索エンジンの結果ページ（SERP）でより上位に表示させるための一連の手法と戦略のことを指す。SEOの目的は，オーガニック（非有料）のトラフィック

を増加させることで，ユーザーが特定のキーワードやフレーズで検索したときに，ウェブサイトがより目立つようにすることである。

3）ピッチデック（Pitch Deck）は，起業家やビジネスマンが投資家やパートナーに対してビジネスアイデアやプロジェクトを紹介するためのプレゼンテーション資料のことである。効果的なピッチデックは，ビジネスの魅力や成長可能性を簡潔かつ魅力的に伝えるために重要である。

4）デューデリジェンス（Due Diligence）は，投資やM&A（企業の合併・買収）などの重要な取引において，対象となる企業やプロジェクトの詳細な調査や評価を行うプロセスである。このプロセスを通じて，投資家や買収者はリスクを評価し，投資判断を下すための情報を収集する。

5）NFC（Near Field Communication）技術は，近距離無線通信技術の一種で，デバイス間で短距離の無線通信を行うために使用される。NFCは，数センチメートルの範囲内でデータを交換することができ，主にスマートフォンやタブレット，その他のデバイスに搭載されている。

6）トレイルは，自然の中を歩くために整備されたハイキングや登山のルートを指す。これらのトレイルは，観光やアウトドア活動の一環として利用されることが多い。

### 参考文献

厚生労働省（2021a）『令和3年版 労働経済白書－新型コロナウイルス感染症が雇用・労働に及ぼした影響－』。

――（2021b）「令和3年就労条件総合調査の概況」。

――（2021c）「令和3年賃金構造基本統計調査の概況」。

土居英二（2020）『はじめよう地域産業連関分析［改訂版］事例分析編』日本評論社。

内閣府（2018）「平成30年度年次経済財政報告－白書：今，Society5.0の経済－」。

――（2022）「令和4年度年次経済財政報告－人への投資を原動力とする成長と分配の好循環実現へ－」。

中村良平（2019）『まちづくり構造改革Ⅱ』日本加除出版。

林宣嗣他編著（2022）『地域データ分析入門』日本評論社。

福嶋幸太郎（2023）「但馬地域におけるリカレント教育の研究と実践」『関西ベン

チャー学会誌』第 15 号，92-104。

増田寛也（2014a）「人口減少問題について」財政制度等審議会財政制度分科会。

──（2014b）「地域消滅時代を見据えた今後の国土交通戦略のあり方について」国土交通政策研究所。

山﨑朗（2023）『地域政策』中央経済社。

# 第 3 章

# 地方創生とビジネスデザイン

# 1 ── ブランディングとプロモーション

## 1.1 地域ブランドの構築

　地域ブランドの構築は，特定の地域が独自性や魅力を持ち，他の地域と差別化するための取り組みである。地域ブランドは，観光振興，地域産業の発展，住民の誇りと結びついており，効果的に構築されると地域全体の発展に寄与し得る。以下は，地域ブランドの構築に関連する主要な要素と手法である。

### 1.1.1 地域のアイデンティティ

　地域の歴史，文化，伝統を理解し，それらを取り入れた独自のアイデンティティを確立するには，地域住民やステークホルダーと協力して，共有のアイデンティティを築かなくてはならない。地域の自然環境，観光地，特産品，伝統工芸品などの資源を活かし，独自性を強調しながら地域産業や技術の特長をブランドに組み込み，コミュニケーションとストーリーテリングの定着を図る。つまり，地域ブランドのメッセージを明確にし，効果的なストーリーテリングを通じて伝えられるようにするのである。ウェブサイト，ソーシャルメディア，イベントなどを活用して，ブランドのストーリーを広く発信することで，地域内の企業，団体，地方自治体，住民など，さまざまなステークホルダーと協力して地域ブランドを築く。

地域の観光資源を強化し，観光プロモーションを通じて地域ブランドを広めるためには，以下のステップと戦略が有効である。地域の特性や魅力を最大限に活用し，効果的なプロモーションを行うことが重要となる。

①地域内の観光資源（自然景観，歴史的建造物，文化施設など）をリストアップし，その価値を評価する。

②観光地へのアクセス道路，案内標識，駐車場，宿泊施設などのインフラを整備する。

③自然環境や文化遺産の保護管理を徹底し，持続可能な観光資源として維持する。

④農業体験，クラフトワークショップ，地元の祭りへの参加など，観光客が地域の生活を体験できるプログラムを開発する。

⑤歴史ツアー，グルメツアー，エコツアーなど，特定のテーマに基づいたツアーを企画する。

⑥春の花見，夏祭り，秋の収穫祭，冬の雪まつりなど，季節に応じたイベントを開催する。

## 1. 1. 2　デジタルマーケティング

Facebook，Instagram，Twitter などで魅力的な写真や動画を投稿し，イベント情報や観光資源を発信するためには，以下の施策が重要である。

- ハッシュタグキャンペーンを実施して拡散力を高める。
- 観光情報を網羅した多言語対応のウェブサイトを作成し，オンライン予約システムやバーチャルツアーを提供する。
- ブログやオンラインマガジンで観光地の魅力や訪問者の体験談を掲載する。
- 新しい観光スポットやイベントについて定期的にプレスリリースを配信し，地元メディアや全国紙，旅行雑誌で取り上げてもらう。
- 旅行ブロガーやインフルエンサーを招待して，地域の魅力を伝え，地域内の企業，団体，地方自治体，住民など，さまざまなステークホルダーと協力して地域ブランドを築く。

地域ブランドを築くためには，地域内の企業，団体，地方自治体，住民など，多様なステークホルダーとの協力が不可欠である。地方自治体と協力して，地域ブランドのビジョンや目標を明確にし，長期的なブランド戦略を策定するだけでなく，地域ブランド構築に向けた政策や支援制度を設け，企業や団体が参加しやすい環境を整備する。また，アクセス道路，公共交通機関，観光案内所などの整備を行い，観光客の利便性を向上させることも重要である。

観光インフラの整備は，地域の魅力を最大限に引き出し，観光客の利便性を向上させるために非常に重要である。

- 主要観光地へのアクセス道路の拡充：観光地への主要なアクセス道路の拡張や整備を行い，渋滞を減らす。わかりやすい標識と観光案内板を主要道路や交差点に設置し，観光客が迷わないようにする。道路の整備に加え，歩道の設置，街灯の設置，ガードレールの設置など，安全対策を強化する。
- 駐車場の増設：観光地周辺に十分な駐車場を整備し，観光客が車で訪れやすい環境を作る。空いている駐車場の位置をリアルタイムで表示するパーキングガイドシステムを導入し，駐車の利便性を向上させる。
- アクセスの改善：主要観光地や宿泊施設を結ぶバス路線を増設し，公共交通機関での移動を便利にする。観光地間を結ぶシャトルバスサービスを運行し，観光客の移動をスムーズにする。鉄道駅から観光地へのアクセスを改善するために，鉄道会社と協力して特別列車や観光列車の運行を企画する。観光案内所や駅，バス停などにわかりやすい時刻表と路線図を設置する。
- 多言語対応：外国人観光客向けに多言語対応の案内板や案内放送を導入する。主要な観光地や交通拠点，駅や空港，主要観光地の入り口などに観光案内所を設置し，観光情報を提供する。英語，中国語，韓国語など多言語対応可能なスタッフを配置し，外国人観光客に対応する。観光案内所にデジタルサイネージを設ける。
- 地域との取組み：地域住民と観光客の双方に対する公共サービス（安全対

策，医療サービス，情報提供など）を強化する。地元企業とスポンサー契約を結び，地域イベントやプロジェクトへの資金提供を受ける。地域特産品や地元企業の商品を活用した新商品の共同開発を行い，ブランド力を高める。地元企業と共同でマーケティングキャンペーンを展開し，相互に利益を享受する。企業主催のイベントやフェスティバルを開催し，地域ブランドの認知度を高める。観光協会や商工会議所と連携し，観光資源の発掘やプロモーション活動を共同で実施する。地域のNPOやNGOと協力して，文化保護や環境保全活動を展開し，地域の魅力を守る。地元の大学や研究機関と協力して，地域資源の研究や人材育成プログラムを実施する。

　地域イベントやフェスティバルは，地域の特色を効果的にアピールし，地域ブランドの認知を高めるための強力な手段である。地域ブランドの認知向上，観光客誘致，地域経済の活性化など，具体的な目的と，地域の特色や強みを反映したテーマを設定する。例えば，歴史，文化，自然，食，音楽など。対象となる観客層は，例えば地元住民，国内外の観光客，特定の興味を持つグループ（例：食文化に関心のある人々）などであり，これらのターゲットオーディエンスを明確にする。地元の食材や料理を使ったグルメフェスティバル，地元のシェフによる料理教室などが考えられ，地元の伝統舞踊，音楽，工芸品の展示や実演も効果がある。ハイキングツアー，自然観察会，エコツーリズム活動，手作り体験，地元の工芸品制作，伝統料理の作り方講座，収穫体験，伝統的な祭りへの参加，地元スポーツの体験なども想定される。地元アーティストや有名ゲストによる音楽ライブ，ダンスパフォーマンス，地域の歴史や文化を紹介する展示，写真展，アート展なども開催できる。

　地域産品の品質向上や新商品の開発を通じて，地域ブランドの価値を高めるための検討も必要である。地域ブランド認証や地理的表示保護（GI）制度の取得により品質の信頼性が向上し，ブランド価値が高まる。また，生産プロセスの標準化，品質管理システムの導入（ISO規格など），定期的な品質チェックを行うだけでなく，生産性や品質を向上させるための最新技術を導入する。老朽化した設備の更新や新しい生産設備を導入し，生産者や従業員への定期的な研

修プログラムを実施することで，技術力と知識の向上を図る。外部専門家を招いての技術指導や品質改善コンサルティングも必要に応じて実施する。

市場のニーズやトレンドを把握するための消費者アンケートや市場調査を実施することで，競合他社の商品やサービスを分析し，差別化ポイントを明確にする。さらに，地域の特産品や素材を活かした新商品を開発するため，伝統的な製法や技術を現代風にアレンジして新商品に取り入れたり，他企業や研究機関との連携，つまり地元企業や大学，研究機関との共同開発を行うなど，異業種とのコラボレーションで新しい価値を創造する。

### 1.1.3 デザインとブランディング

商品の魅力を引き立てるパッケージデザインの開発が必要となる。その際，地域の歴史や文化，製品の背景にあるストーリーをブランドに反映することが望ましい。地域住民や地域のステークホルダーを巻き込んで，地域ブランドの構築に参加させることで，地域の誇りやアイデンティティを共有し，地域全体でブランドを支える。地域ブランドの構築は時間を要するプロセスであり，地域社会全体の協力が不可欠となる。持続可能な発展を促進し，地域にポジティブな影響を与えるために，戦略的な計画と継続的な努力が必要である。

## 1.2 ブランドメッセージの開発
### 1.2.1 ブランドアイデンティティの構築

ブランドアイデンティティを構築するためには，ロゴ，スローガン，色，フォントなどの視覚的な要素を統合し，地域の特性やメッセージを一貫して伝えることが重要である。

まず，ブランドの核心となる価値やメッセージを明確に定義する。これがすべての視覚的要素の基盤となる。ロゴはブランドの顔となる要素である。そこに地域特有の自然，歴史，文化を象徴するシンボルを取り入れる。シンプルでありながら，視覚的にインパクトがあり，覚えやすいデザインが求められるため，ブランドの色と統一感を持たせる（例：阿蘇地域のブランドなら，阿蘇山の

シルエットや自然の要素を取り入れたロゴ）。

　スローガンは，ブランドのメッセージを端的に表現する言葉である。短く，覚えやすい一目でブランドの価値を伝えるものが望ましい。ブランドの特性や強みを強調し，人々の心に響くものとする（例：「阿蘇の恵み，心を満たす」）。

　色は，ブランドの印象を左右する重要な要素である。自然環境や文化を象徴する色を選ぶなど，色が与える心理的な影響を考慮し，ブランドのイメージに合った色を選ぶ（例：阿蘇なら，豊かな緑と澄んだ青空をイメージしたグリーンとブルー）。

　フォントは，ブランドのトーンやスタイルを表現する。読みやすく，視認性の高いフォントを選ぶ。フォントのスタイルがブランドのイメージと一致するようにする（例：自然と調和する温かみのあるセリフ体やモダンで洗練されたサンセリフ体[1]）。

　すべての視覚的要素を統一感のあるデザインにまとめ，ブランドのあらゆる媒体に一貫して適用する。

〈例〉阿蘇地域ブランド：阿蘇山のシルエットを取り入れたシンプルなロゴ。
　　　　　　　　自然の豊かさを象徴する深いグリーンと青
　　　スローガン：「阿蘇の恵み，心を満たす」
　　　メインカラー：グリーン（自然），ブルー（空と水）
　　　アクセントカラー：温かみのあるオレンジやイエロー（太陽，エネルギー）
　　　メインフォント：柔らかく読みやすいセリフ体
　　　補助フォント：サンセリフ体

ウェブサイトではロゴを中心に，選定した色とフォントを使用し，スローガンをトップに配置する。パッケージデザインは，地域の特産品のパッケージにロゴとスローガンを配置し，統一感を持たせるなど，一貫したデザインガイドラインに基づいて広告素材を作成する。

　ブランドアイデンティティを構築するには，ロゴ，スローガン，色，フォントなどの視覚的要素を一貫して統合し，地域の特性や価値を効果的に伝えることが重要である。この一貫性が，ブランドの認知度と信頼性を高め，人々の共

第3章　地方創生とビジネスデザイン ｜ 67

感を呼び起こす。

### 1.2.2　地域のストーリーテリング[2]

　地域ブランドに深みを与えるためには，その地域にまつわるストーリーを活用し，人々の感情や共感を呼び起こすことが重要である。

　ストーリーの要素には，地域の歴史や伝統的なイベント，文化，地域の人々の暮らし，地域社会の絆や物語，地域特有の自然環境や美しい風景，地域が直面した困難やそれを乗り越えたストーリーなどが想定される。

　ストーリーの作り方としてはまず，キーエレメントを特定する。その地域ならではの歴史的な出来事や人物，地域の自然の特徴や美しい景観，地域の特産品や伝統的な産業，感情を引き出す要素などを取り入れる。できれば苦難や挑戦を乗り越えた成功物語としたい。そこでは家族やコミュニティの温かさ，希望や未来へのビジョンが語られる。

　ストーリーテリングの形式を決めるには，映像やドキュメンタリー，インタビューやエッセイ，イラストや写真を交えた記事，例えば「信州の恵み，家族の絆」に沿って創られる。以下のようなストーリーとなろう。

　「信州の美しい山々に囲まれた小さな村。そこで代々続くリンゴ農家の家族の物語。祖父母の代から続く農業を守り，厳しい冬を乗り越え，春には花が咲き誇り，秋には甘く実ったリンゴを収穫する。家族全員が協力し，収穫の喜びを分かち合う。地域の祭りでは，村中が一体となり，収穫を祝う。信州のリンゴは，ただの果物ではなく，家族の絆と地域の誇りを象徴している。」

　感情を引き出す要素は欠かせない。冬の厳しさと春の希望，祖父母から受け継いだ農業への情熱，家族の協力と絆，地域の一体感と祭りの喜びなどが対象となる。例示すれば，「信州のリンゴは，家族の愛と地域の誇りが詰まった一品です。四季折々の自然の恵みとともに，私たちの絆をお届けします。」のような形となろう。

　ストーリーを伝える方法としては，ストーリーをウェブサイトやSNSに掲載し，写真や動画を使って視覚的に訴えることや，地域のイベントや農産物

フェアでストーリーブックを配布し，実際の農家の人々と交流できる場を設けることなどが考えられる。

　地域のストーリーを活用することで，ブランドに深みを与え，人々の感情や共感を呼び起こすことができる。地域特有の要素を強調し，感情に訴える物語を紡ぐことで，より魅力的で忘れられないブランドを築くことが可能となる。

　オンラインやオフラインでの広告，イベント，SNS活用など，効果的なコミュニケーション戦略を構築する。地域ブランドの特徴や価値を際立たせるためには，他と異なる要素や強みを特定し，それをメッセージに取り入れることが重要である。例えば，その地域特有の自然環境，伝統文化，技術，食材などを強調する。以下に，差別化ポイントを盛り込んだメッセージの例を示す。

　「自然の恵みが育む，唯一無二の味わい」

このメッセージは，地域特有の自然環境や食材に焦点を当て，その地域でしか味わえない特別な価値を強調している。

　「伝統と革新が織りなす匠の技」

このメッセージは，地域の歴史や伝統的な技術と，現代の革新的な要素を融合させた強みをアピールしている。

　「ここでしか体験できない，心を癒す風景と文化」

このメッセージは，地域特有の自然景観や文化体験を強調し，他にはない特別な価値を表現している。

　「地域の誇りが詰まった，信頼の品質」

このメッセージは，地域の人々の誇りやこだわり，そして高い品質を強調している。

　「阿蘇の恵み，純粋な味わい」

阿蘇地域の豊かな自然環境で育った食材の新鮮さと美味しさを強調。

　「飛騨高山の匠の技，伝統が息づく一品」

飛騨高山の伝統工芸や職人技の卓越性を強調。

　「沖縄の風，癒しの島時間」

沖縄の自然美やリラックスできる環境を強調。

「北海道の大地から，安心と信頼の食材」

北海道の広大な大地で育った安心・安全な食材を強調。

　これらのメッセージは，地域特有の要素を強調し，他の地域と差別化するために効果的である。

　地域ブランドの特徴や価値を端的かつ覚えやすい言葉で表現することは，「地域の個性と品質を象徴する誇り」といえる。このフレーズには，地域独自の特長や高品質な産品・サービスを含むブランド価値が込められている。

## 1.3　オンラインとオフラインのプロモーション戦略

　オンラインとオフラインのプロモーション戦略は，企業やブランドが製品やサービスを広くアピールし，顧客との関係を築くために統合的に考える必要がある。プロモーションの目的を明確にし，具体的な目標を設定する。例えば，売上の増加，ブランド認知の向上，顧客獲得の促進などである。プロモーションを行うターゲットオーディエンスを明確に特定し，そのニーズや関心を理解する。デモグラフィック情報や購買履歴などを活用して，ターゲットオーディエンスを細分化することでターゲットオーディエンスに価値のあるコンテンツを提供する戦略を策定する。ブログ記事，ビデオコンテンツ，インフォグラフィックなど，さまざまな形式のコンテンツを活用する。

　検索エンジンでの可視性を向上させるために，SEO（Search Engine Optimization）の最適化を行うが，注意を払う必要がある。

- キーワードリサーチやメタタグの最適化，コンテンツの質の向上などを行う。
- ソーシャルメディアを活用してプロモーションを行う。
- Facebook，Instagram，Twitter などのプラットフォームでコンテンツを共有し，ターゲットオーディエンスとの対話を促進する。
- ニュースレターやキャンペーンメールを活用して，顧客との関係構築やセールス促進を行う。
- パーソナライズされたメッセージや特典の提供などを行い，顧客の関心を

引きつける。

- Google 広告やソーシャルメディア広告などの広告プラットフォームを活用して，ターゲットオーディエンスにコンテンツを配信する。
- ターゲティング機能を活用して，効果的な広告を展開する。また，定期的なデータ分析を行い，プロモーションの成果を評価する。
- クリック率，コンバージョン率[3]，顧客行動などの指標を分析し，プロモーション戦略を最適化する。

## 1. 3. 1　ソーシャルメディアマーケティング

主要なソーシャルメディアプラットフォームを活用して，ターゲットオーディエンスに到達する方法がよく用いられている。

Facebook は，幅広い年齢層のユーザーが利用しているため，多様なターゲットオーディエンスにリーチするのに適している。ブランドページを作成し，定期的にコンテンツを投稿してファンとのコミュニケーションを促進する。ターゲティング機能を活用して，広告を特定の地域，年齢，興味関心に基づいて配信する。

Instagram は，ビジュアルコンテンツが重視されるプラットフォームで，特に若年層やビジュアル志向のユーザーにリーチするのに効果的である。魅力的な写真や動画を投稿し，ハッシュタグを活用してコンテンツを拡散する。Instagram ストーリーやライブ機能を活用して，リアルタイムでファンとの対話を促進する。

Twitter は，リアルタイムの情報共有や対話が重視されるプラットフォームで，特に最新情報を求めるユーザーや業界関係者にリーチするのに適している。短いメッセージやリンクを投稿し，ユーザーとのリアルタイムのコミュニケーションを促進する。ハッシュタグやリツイートを活用して，コンテンツを拡散し，関連するトピックに参加する。

LinkedIn は，ビジネスプロフェッショナルや企業間のコミュニケーションに特化したプラットフォームで，特に B2B ビジネスに適している。ブランド

ページを作成し，業界や専門分野に関連するコンテンツを投稿して，専門家や企業との関係構築を促進する。LinkedIn 広告を活用して，特定の職業や業界に属するターゲットオーディエンスにリーチする。

　これらのソーシャルメディアプラットフォームを活用する際には，各プラットフォームの特性やユーザーの行動を考慮して，適切なコンテンツや広告戦略を展開することが重要である。

### 1.3.2　口コミマーケティング

　口コミマーケティングは，顧客や利害関係者の口コミや評判を通じて製品やサービスの販売を促進するマーケティング手法である。口コミマーケティングの基本は，優れた製品やサービスを提供することである。顧客が満足し，喜んでくれる製品やサービスを提供することで，自然な口コミが生まれやすくなる。顧客満足度を向上させることは，口コミマーケティングにおいて重要である。良い口コミが生まれるためには，顧客が満足している必要があるため，顧客のフィードバックを収集し，改善点を把握して改善することが重要となる。すでに述べたソーシャルメディアは口コミマーケティングの有力なツールであり，顧客が製品やサービスに関する意見や体験をシェアし，他の人に影響を与える場として活用される。企業は積極的にソーシャルメディア上で顧客とコミュニケーションを取り，肯定的な口コミを促進したり，顧客に口コミを促進する仕組みを構築することも重要である。例えば，製品やサービスを利用した顧客に対して，レビューや評価の依頼を送る，特典や割引を提供するなどの方法がある。

　また，インフルエンサーを活用して口コミマーケティングを行うことも効果的である。インフルエンサーは自身のフォロワーや視聴者に製品やサービスを紹介し，信頼性の高い口コミを提供することができる。顧客が参加しやすいイベントやキャンペーンを企画することも，口コミマーケティングの一環として効果的である。口コミマーケティングは，顧客の信頼を築き，ブランドの認知度を高めるために重要な手法であり，顧客が製品やサービスに関する良い口コ

ミを共有することで，他の人にもその良さを伝えることができる。

　これらの戦略は相互に補完し合い，統合的に実行されることが効果的であるうえ，オンラインとオフラインを連携させ，ブランドメッセージを一貫して伝えることが重要である。

## 1.4　地域のイベントとキャンペーン

　地域のイベントとキャンペーンは，地域の魅力や活性化，地域ブランドの構築に寄与する重要な手段である。

- キャンペーンのテーマを設定する。例えば，「地元の味を楽しむフードフェスティバル」や「伝統工芸品の魅力を探るアートウォーク」など，テーマに沿ったイベントや企画を展開する。
- プロモーションキャンペーンに合わせて，イベントやセール，ワークショップなどを企画して実施する。
- 地元特産品の試食会やデモンストレーション，特別なイベントなど，消費者が直接特産品を体験できる機会を提供する。
- イベントやキャンペーンの広報と宣伝を行う。
- SNS や地域のメディア，ポスター，チラシなどを活用して，地域の住民や観光客に情報を届ける。
- キャンペーン期間中に特産品の販売促進を行う。
- 特設ブースやオンラインショップなどを通じて，特産品の販売を促進し，地元産業の支援につなげる。
- キャンペーン終了後，参加者や消費者からのフィードバックを収集し，改善点や課題を把握することで，次回のキャンペーンやイベントの改善に活かす。

　地元の食品や工芸品などの特産品を特集したプロモーションキャンペーンを展開することで，地域の魅力を広く知らせ，地元経済の活性化や地元産業の支援に貢献することができる。

　学校と地域団体が協力して，環境教育プログラムを開発し，学校のカリキュ

ラムに組み込むことで，生徒が環境に関する知識や意識を高めることができる。学校や地域団体が共同で環境イベントやワークショップを開催し，地域の住民や学生が参加できるようにしたり，リサイクルや廃棄物削減，エネルギーの節約など，具体的な取り組みを体験する機会を提供する。例えば，公園や河川の清掃活動，植樹活動，再生可能エネルギーの導入など，地域の環境に直接貢献する取り組みを行う。学校と地域団体が協力して，リサイクルや廃棄物管理の取り組みを促進することで，リサイクルプログラムの導入やリサイクル施設の設置，廃棄物の適切な分別方法の啓発など，地域全体で持続可能な廃棄物管理を推進する。また，学校や地域団体が共同で環境に配慮したイニシアティブを推進する。例えば，プラスチックストローの使用禁止キャンペーンやエコバッグの普及活動など，地域の文化や生活習慣に合った取り組みを行う。

　これらの取り組みを通じて，地元の学校や地域団体が連携して環境に配慮した活動を進めることができる。また，地域の住民や学生が積極的に参加しやすいようなプログラムやイベントを提供することも重要である。

# 2 ── 地元ビジネスとの連携

## 2.1　地元企業との協力関係

　地元企業との協力関係は，地域全体の発展や経済の健全な成長に貢献する。地元のビジネスイベントやネットワーキングイベントに参加して，地元企業との交流を図ったり，地元企業の優れた製品やサービスを推奨し，口コミでの広報を行うことは，地域経済の活性化や地元企業の成長を促すうえで重要な役割を果たす。

　地元企業のニーズや課題を理解するために，データ収集と分析を行うさいには，業界のレポートや統計データ，企業の財務諸表や業績データなどを分析し，現状の把握を行う。地元企業に対してアンケート調査やインタビューを実施するさいには，直接的にニーズや課題を聞き取ったり，企業の経営者や従業員との対話を通じて，問題点や改善のための提案を得る。また，地元企業が所

属する産業や地域のトレンドを分析し，その影響を企業のニーズや課題に関連付けることで，産業の競争状況や地域経済の動向を把握し，課題解決の方針を立てる。

　地元企業とのパートナーシップを構築し，協力関係を強化するため，信頼関係を築き，企業が自らのニーズや課題をオープンに共有できる環境を整える。地元企業と協力して，共同プロジェクトやイニシアティブを開始したり，企業のニーズや課題に対応したプロジェクトを共同で立ち上げ，解決策を見つけるための取り組みを始める。共同プロジェクトや取り組みの進行状況は，定期的にモニタリングし，必要に応じて改善を行うことで，地元企業との協力関係を持続的に維持し，ニーズや課題の変化に柔軟に対応する。地元企業のニーズや課題を理解し，協力して解決策を見つけるためには，コミュニケーションと連携が不可欠である。

　また，地元企業とのフィードバックの収集や対話を通じて，パートナーシップを強化することも重要で，定期的なパートナーシップミーティングを開催し，地元企業との対話の場を設ける。ミーティングでは，過去の活動やプロジェクトの振り返り，今後の方針や計画の共有，課題や問題点の議論などを行う。さらに，パートナーシップに関するフィードバックを収集するためのアンケート調査を通じて，地元企業からの意見や提案を集め，パートナーシップの改善点や課題を特定する。地元企業と個別に対話やヒアリングセッションを行うなど，直接的なコミュニケーションを通じて，企業のニーズや要望，提案を聞き取り，双方の期待や関心を明確にする。パートナーシップが実施したプロジェクトやイベントの評価と反省会を実施することで，プロジェクトの成果や達成度，課題や改善点を共有し，次回のプロジェクトに活かすための教訓を得る。地元企業とのオープンフォーラムやワークショップでは，テーマに沿った討論やブレーンストーミングを行い，双方の視点や意見を交換し，パートナーシップの方向性や戦略を共同で検討する。継続的なコミュニケーションチャネルを確立し，地元企業との間でのコミュニケーションを円滑にするため，メールや電話，オンラインプラットフォームなどを活用し，日常的なやり取りや相

第3章　地方創生とビジネスデザイン｜ 75

談ができる環境を整えなくてはならない。

　これらの手法やアプローチを通じて，地元企業とのフィードバックの収集や
対話を積極的に推進し，パートナーシップを強化する。双方のニーズや期待を
理解し，協力関係を持続的に発展させるために，常にオープンで建設的なコ
ミュニケーションを遂行する必要がある。

　地元企業や従業員向けに技術トレーニングやビジネススキル向上のイベント
を提供することは，地域経済の発展や企業の競争力向上に大きく貢献する。技
術専門家や業界のリーダーを講師として招き，新しい技術や製品の活用方法，
最善の実践方法などについて学ぶ機会を提供したり，ビジネススキル向上のた
めのワークショップを開催する。また，コミュニケーションスキル，リーダー
シップスキル，プレゼンテーションスキルなど，ビジネスで必要なさまざまな
スキルを向上させるための地域の主要産業や業界に特化したトレーニングプロ
グラムを提供する。例えば，製造業向けの品質管理トレーニング，小売業向け
の販売技術トレーニングなど，業界固有のスキルを向上させるためのプログラ
ムが考えられる。さらに，実践的なハンズオンセッション[4]を提供し，参加
者が学んだスキルや知識を実際の業務に活かせるようにサポートする。デモン
ストレーションやグループワークを通じて，実践的なスキルを身に付ける機会
だけでなく，ビジネスの特定の課題や問題に対処するために，専門家によるコ
ンサルティングサービスも提供する。経営コンサルタントや業界の専門家は，
企業や従業員に対してアドバイスやガイダンスを提供し，ビジネスの課題解決
や成長戦略の策定を支援する。フリーランスや起業家を対象としたビジネスサ
ポートプログラムや，ビジネスプランの策定や資金調達の方法，マーケティン
グ戦略の立案など，起業家が成功するための支援も行う。

　これらのイベントやプログラムを通じて，地元企業や従業員の技術やビジネ
ススキルを向上させ，地域経済の発展や企業の競争力向上に貢献する。また，
地域のビジネスコミュニティを強化し，地元の経済活性化にも寄与できる。

## 2.2 地元産業の振興

地元産業の振興は，地域経済の発展と雇用の創出に直結する。産業クラスターを形成することは，同じような産業や技術領域に関連する企業や機関が集まり，相互に連携し，競争力を高めるための有効な手段である。類似の産業が集まることで，同じような課題や技術に関する知識やノウハウを共有しやすくなる。このような共有は，イノベーションや技術の進歩を促進する。産業クラスター内の企業や機関は，共通のリソースを効率的に活用することができる。例えば，共同の研究施設や設備を利用したり，共同の調達や物流を行ったりすることで，コスト削減や効率化が図られる。産業クラスター内の企業や機関は，相互補完関係にあることが多く，連携し合うことで相乗効果を生み出す。例えば，製品の部品供給やサービス提供など，お互いの強みを活かした連携が可能である。産業クラスターの形成は地域経済の発展に貢献し，クラスター内の企業や機関の成長や競争力の向上が，地域全体の経済活性化や雇用創出につながる。産業クラスターに参加する企業や機関が定期的に情報交換会やワークショップのような場で，最新の技術トレンドや市場動向などについて議論することで，共通の戦略や目標を共有する。共同研究や新製品開発，マーケティング戦略の策定など，産業クラスターのメンバーは，共通の課題や機会に対処するためのプロジェクトを実施する。一方で，産業クラスターは地域内の連携だけでなく，地域外との連携でも重要である。他地域や国際的なクラスターとのパートナーシップを構築し，技術や市場の情報を交換し，共同プロジェクトを推進する。

産業クラスターを形成し，類似の産業が集まり，相互に連携し合うことで，競争力を高め，イノベーションを促進することができる。クラスターを形成することは，地域の企業や研究機関が共通の課題や機会に対処しやすくするための有効な手段である。以下に，クラスター形成のメリットと具体的な方法を示す。まず，クラスター内の企業や機関は，情報や知識を共有し，相互にネットワーキングすることができる。これにより，市場動向や技術トレンドに敏感に対応しやすくなる。共同研究により，新しい技術や製品の開発が加速され，イ

ノベーションが促進される。クラスター内の企業や機関は，リソースを共有したり相互補完したりすることで，効率的に活用することができ，コスト削減や生産性の向上が図られる。

クラスターは地域経済の活性化や産業振興に貢献するため，政府や地方自治体からの支援を受けやすい傾向がある。助成金や補助金，インフラ整備などの支援が期待できる。クラスター内での組織化や運営体制を整備し，共通の目標や戦略を共有する。定期的にクラスター内のメンバーが集まり，情報交換会やワークショップを開催する。最新の技術トレンドや市場動向，共同研究の進捗などについて議論し，知識を共有する。共同研究や新製品開発，マーケティング戦略の策定など，共通の課題や機会に対処するためのプロジェクトを実施する。クラスターは地域内の連携だけでなく，地域外との連携も重要である。他地域や国際的なクラスターとのパートナーシップを構築し，技術や市場の情報を交換し，共同プロジェクトを推進する。クラスターを形成することで，地域の企業や研究機関が共通の課題や機会に対処しやすくなり，競争力の向上やイノベーションの促進が期待できる。

地元企業や研究機関との連携を促進し，技術革新やイノベーションを奨励することは，地域の産業発展と競争力強化に重要である。地元の大学や研究機関と地元企業との産学連携プロジェクトを積極的に推進したり，企業のニーズに合わせた研究開発を行い，新しい技術や製品の開発を促進する。また，研究機関や大学で生み出された技術を地元企業に移転するための支援，技術の商業化や実用化の支援，地元企業の競争力向上や新規事業の創出を促進する。さらに，地元企業と研究機関が共同で研究開発プロジェクトを行うための支援も行う。企業の技術ニーズや課題に対応した共同研究を推進し，イノベーションの創出を促したり，地元企業に対して，最新の技術情報や研究成果に関する情報提供を行う。また，技術導入やイノベーション戦略に関するアドバイスやコンサルティングに加え，技術革新やイノベーションを推進するための助成金や補助金を提供する。

これらの取り組みを通じて，地元企業や研究機関との連携を強化し，技術革

新やイノベーションを奨励することで，地域の産業発展と競争力強化に貢献する。

　研究開発プロジェクトへの支援や助成金の提供を通じて，新しい技術の導入を促進することは，地域の産業競争力を向上させ，イノベーションを促進する重要な取り組みである。例えば，新しい製品や技術の開発，生産プロセスの改善，環境技術の研究など，幅広い分野のプロジェクトに助成金を提供することで，地域の研究開発基盤を整備し，研究施設や設備の充実を図る。地元企業や研究機関が最先端の研究を行うための環境を整え，技術革新を促進することに加え，地元の大学や研究機関と地元企業との産学連携プロジェクトを支援する。産学連携を通じて，産業界のニーズに応えた研究開発を推進し，新しい技術の導入を促進する。地元企業が新しい技術を導入する際には，技術移転支援を行い，技術供与者との交渉や契約の支援，技術導入後のサポートなどを通じて，技術の円滑な移転を支援する。

　地域全体のイノベーションエコシステムを構築し，研究開発活動を支援するため，地元企業，研究機関，政府機関，地域団体などが連携し，イノベーションの創出と実装を促進する。また，地元の研究開発成果を広く共有し，地域の産業界や地域社会に普及させるため，成果のデモンストレーションやセミナーの開催，成果の情報発信などを通じて，地域の技術革新を促進する。

　これらの取り組みを通じて，地元の研究開発活動を支援し，新しい技術の導入を促進することで，地域の産業競争力を向上させ，持続可能な経済発展を実現する。

　地元資源の有効活用は，地域経済の活性化や持続可能な発展に不可欠である。地元の農業や畜産資源を活用して，農産物や畜産品の生産を増やし，加工品の製造を促進したり，地元の特産品や伝統的な農作物を育て，地域外での需要を高めるために，品質向上やマーケティング戦略を強化することが重要である。例えば，地元の森林資源を有効活用して，木材加工業や家具製造業，木工産業などを育成することで，森林の持続可能な管理と利用を通じて，地元経済に貢献するだけでなく，森林の保全にも寄与する。あるいは，地元の水産資源

を活かして，漁業や養殖業を発展させるため，漁業や水産加工業を通じて地域の雇用を増やし，地元の水産品を加工して付加価値を高めることで，地域経済の活性化を図る。地元の自然景観や観光スポットを活かして，観光業を育成するため，観光客向けの施設やアクティビティの開発，エコツーリズムの推進などを通じて，地域の観光産業を発展させる。また，地元の文化や伝統を活かして，観光やイベントなどの文化産業を育成するため，伝統工芸品の生産や販売，地元の祭りやイベントの開催などを通じて，地域の文化を継承し，地域経済を活性化する。さらに，地元の再生可能エネルギー資源（風力，太陽光，水力など）を活用して，地域のエネルギー供給を確保し，地域経済の持続可能な発展を促進する。

　これらの取り組みを通じて，地元資源の有効活用により，地域経済の発展や地域社会の持続可能な発展を実現する。

　地域の教育と技能の育成は，地域の発展と持続可能な成長に欠かせない要素である。そのためには，地域内における学校や教育機関の整備と充実が重要である。学校施設や教材の改善，教育システムの近代化，ICT 技術の活用などを通じて，教育の質を向上させなくてはならない。また，地域の需要に合わせた職業訓練プログラムを開発し，地域の労働力を育成したり，産業や地域経済の特性に応じたスキルや知識を身につけることができるよう，実践的なトレーニングを提供する。地域の産業界や企業と教育機関との連携を強化し，産業需要に即した教育プログラムを開発することも必要である。産学連携プロジェクトやインターンシッププログラムを通じて，学生や若者が実践的な経験を積む機会を提供すべきである。さらに，教育は生涯にわたって継続されるべきものである。地域の住民に対して，生涯学習の機会を提供し，スキルや知識の更新を支援したり，コミュニティセンターや地域図書館などを活用して，さまざまな学びの場を提供することも必要である。若者や地域の住民が起業に挑戦するための支援プログラムとして，起業家精神の育成やビジネススキルの向上を目指し，起業家向けのトレーニングやアクセス支援も行うべきである。

　これらの取り組みを通じて，地域の教育と技能の育成を促進し，地域の人材

の能力向上と経済の発展を支援することができる。

　地元企業同士の交流や協力を促進することも重要である。ビジネスネットワークの構築やイベントの開催，共同プロジェクトの推進などを通じて，企業間の連携を強化する。また，地元企業の成長や新規事業の展開を支援するため，資金調達の支援を行ったり，金融機関や投資家とのつながりを活用し，融資や投資の機会を提供する。さらには，技術やイノベーションが企業の競争力向上に不可欠である。地元企業が最新の技術やイノベーションにアクセスできるよう，研究機関や大学との連携を促進し，技術移転や共同研究の支援を行う。地元の労働力のスキルアップや教育支援を通じて，地域の人材の能力向上を図ることに加え，職業訓練プログラムの提供や大学との連携による教育プログラムの開発などが含まれる。

　これらの取り組みを通じて，地元企業の競争力強化や地域経済の持続的な発展を支援することができる。

　地元産業の製品やサービスを国際市場に展開することは，地域経済の成長と競争力の向上にとって重要である。国際市場での展開に先立ち，まずは現地の市場調査や顧客ニーズの分析を行い，需要の高い製品やサービス，競合他社の存在などを把握し，展開の方向性を明確にする。次に，地元産業が国際市場に進出するための戦略を策定するのであるが，直接輸出，代理店や販売代理店との協業，海外に現地法人を設立するなどの方法がある。地元産業の製品やサービスを，国際市場のニーズや規制に適合するように適応させるため，製品のカスタマイズや品質向上，サービスのローカライズなどが検討される。また，国際貿易展示会や見本市への積極的な参加を通じて，地元産業の製品やサービスを海外のバイヤーや顧客にアピールする。展示会に参加することで，新規顧客の獲得やビジネスチャンスの発見が期待できるからである。地域の政府や経済団体が提供する輸出支援プログラムを活用することで，輸出入手続きのサポート，貿易関連の情報提供，輸出補助金の利用などが受けられる。地元産業が国際的なパートナーシップや取引関係を構築するためには，海外の代理店や販売代理店，取引先企業との協業を通じて，国際市場での事業拡大を図る必要が

ある。

　以上の手法を組み合わせて，地元産業が国際市場に展開する機会を追求することが重要である。国際市場への展開は，新たなビジネスチャンスを生み出し，地域経済の成長を促進する重要な手段となる。

## 2.3　地域経済の活性化

　地域経済の活性化は，地域全体の発展と持続可能な繁栄に向けた取り組みであり，地域固有の資源や技術，文化を活かした特化産業を育成する。例えば，特定の農産物の生産や加工業，観光業，地域固有の工芸品など，地域の強みに基づいた産業を育成する。すでに述べたように，関連する産業や企業が集積し，相互に連携する産業クラスターの形成が促進される。これにより，産業の競争力が向上し，イノベーションが促進する。地域内の企業や研究機関と連携し，イノベーションや技術開発が推進され，新しい製品やサービスの開発，生産プロセスの改善などを通じて，産業の競争力が強化される。すると地域の産業に必要なスキルや知識を持った人材を育成するための教育プログラムや職業訓練プログラムを提供しなければならなくなる。地域の教育機関や企業と連携して，産業の需要に応じた人材を供給することで，地域産業の製品やサービスの市場開拓や販路拡大を支援する。また，国内外の市場にアクセスするための販売促進活動や海外展示会への参加支援などに加え，地域の自治体や産業団体，地域住民との連携を強化し，地域全体で産業の成長と発展を支援するなど，地域のビジョンや戦略に基づいた産業政策の策定や実施が重要である。

　これらの取り組みを総合的に展開することで，地域産業の強化が実現し，地域経済の持続的な成長と発展が促進される。

　地元企業の支援は，地域経済の発展や地域コミュニティの繁栄にとって重要である。地元企業が成長し，持続可能なビジネスを展開することで，雇用の創出や地域への経済的な貢献が期待される。そこで，地元企業の資金調達を支援するための助成金やローンプログラムの提供が有効である。特にスタートアップ企業や小規模企業に対して，資金調達のハードルを下げる取り組みが重要で

ある。地元企業が経営戦略や業務プロセスの改善に関するアドバイスを受けられるよう，ビジネスメンタリングやコンサルティングサービスを提供する。また，地元企業が商品やサービスを市場に投入する際の支援として，市場調査や販路開拓の支援，販売促進のためのマーケティング支援などが必要である。さらに，地元企業の活動を支援するためのインフラ整備として，工業団地やビジネスパークの整備，交通インフラや通信インフラの整備などが該当する。地元企業が最新の技術やイノベーションを取り入れ，競争力を高めるための支援としては，研究開発の支援や技術移転プログラムの提供などが含まれる。最後に，地元企業の成長と発展に必要な人材を確保するための労働力育成の支援として，職業訓練プログラムやキャリア支援の提供が有効である。

これらの支援策を総合的に展開することで，地元企業が持続可能な成長を遂げ，地域経済の活性化や地域社会の発展に貢献することができる。

地域の労働力育成は，地域経済の発展と持続可能な成長にとって重要な要素である。労働力の育成には，教育，技能トレーニング，雇用機会の提供，キャリア支援などが含まれる。

地域の教育制度を強化し，幼稚園から高等教育まで包括的な教育プログラムを提供するため，基礎教育の充実や，STEM（Science, Technology, Engineering, Mathematics）教育の推進など，将来の労働市場で必要とされるスキルに焦点を当てた教育を展開する必要がある。地域の需要に合わせた技能トレーニングプログラムとしては例えば，地域の主要産業や成長分野に特化した職業訓練や技術教育を提供し，労働力の能力向上を図る。地域の企業や産業と連携し，労働力の需要と供給を調整する。地元企業が求めるスキルや資格を把握し，それに応じた教育プログラムや職業訓練を提供することで，雇用機会の創出と労働力の適性育成を促進する。地域経済の成長を支援するために，地域内での雇用創出を促進する。中小企業の支援や起業家支援プログラムの提供，地域内の産業クラスターの育成などが有効な手段である。

また，労働者がキャリアパスを構築し，将来の成長やキャリアの機会を追求できるように，キャリア支援プログラムを提供する必要がある。就職支援，職

第3章　地方創生とビジネスデザイン　83

業紹介，キャリアカウンセリングなどが含まれ，労働者が一生涯にわたって学び続けることができるよう，ライフロングラーニングの文化を推進することにもつながる。成人教育プログラムや職業再訓練プログラムの提供，オンライン学習プラットフォームの活用などがその手段となる。

　このような取り組みを通じて，地域の労働力が適切に育成され，地域経済が持続的な発展を遂げるための基盤が整えられると考えられる。

## 【注】

1）「サンセリフ体」は，タイポグラフィ（文字デザイン）における1つのカテゴリーで，文字の一部の特徴を指す。「サンセリフ」はフランス語で「sans serif」を意味し，「セリフのない」ということであり，「サンセリフ体」は「セリフのない字体」ということになる。

2）ストーリーテリングは，物語を語ることを通じて，情報やメッセージを効果的に伝える技術である。人々が古くからコミュニケーションの手段として用いてきたもので，現代においてもビジネス，教育，エンターテインメントなどさまざまな分野で重要な役割を果たしている。

3）コンバージョン率（Conversion Rate）は，ウェブサイトやマーケティングキャンペーンにおいて，特定の行動を完了したユーザーの割合を示す指標である。これは，訪問者のうちどれだけの人が購入，登録，問い合わせ，ダウンロードなどの目標を達成したかを示す。コンバージョン率は，ウェブサイトの効果やマーケティング戦略の成功を評価するために使用される。

4）ハンズオンセッション（Hands-On Session）は，学習者が実際に手を動かしながら学ぶ実践的なトレーニングやワークショップのことを指す。理論的な知識だけでなく，実際のスキルや技術を習得することを目的としている。

## 参考文献

青木幸弘・新倉貴士・佐々木壮太郎・松下光司 編（2012）『消費者行動論：マーケティングとブランド構築への応用』有斐閣。

五十嵐正毅・室岡祐司（2014）「「天神」ブランドの地域ブランド構造－アイデンティフィケーション（同一化）概念を考慮して－」『産業経営研究所報』（46）45-

71。

大田謙一郎（2015）「地域ブランド評価の課題 – 資産 – 価値評価モデルの構築に向けて」『長崎県立大学経済学部論集』48（4），125-139。

神田晴彦（2017）「感情的ブランド・コミットメントと機能疲労が耐久消費財の再購入に及ぼす影響」筑波大学博士論文。

小林哲（2016）『地域ブランディングの論理』有斐閣。

——（2020）「地域ブランド成果の相違が地域ブランド資産 – 価値構造の評価に与える影響：修正地域ブランド資産 – 価値評価モデルに基づく定量分析」『三田商学研究』63（4），183-202。

高尾真紀子・保井俊之・山崎清・前野隆司（2018）「地域政策と幸福度の因果関係モデルの構築 – 地域の政策評価への幸福度指標の活用可能性 – 」『地域活性研究』9，55-64。

長尾雅信・山崎義広・八木敏昭（2020）「地域間のプレイス・ブランディングにおけるマルチレベルの関係性への注目」『流通研究』23（2），17-31。

山崎義広・鷲見英二・長尾雅信（2015）「小千谷市民による地域・コミュニティ評価に関する分析：地域ブランドの「資産 – 価値評価モデル」から」『新潟大学経済論集』（99），143-158。

Miura, T.（2024）「Place Brand Assets and Life Satisfaction13」『地域生活学研究』15，1-13。

# 第 4 章

# 地方創生における
# シェアリングエコノミーの役割

## 1 ── 新たな経済モデルとしてのシェアリングエコノミー

### 1.1　シェアリングエコノミーの語源と背景

　1970 年代前半から 1980 年代初頭にかけて，第四次中東戦争とイラン革命を機に二度のオイルショック（Oil Shock：石油危機）が起きた。これに伴う原油価格の高騰による影響は，企業の製造コストや輸送コストの上昇だけにとどまらず，家計負担の増加にもつながった。こうした世界的な景気後退局面において，農業革命，産業革命を経て生産と消費の分化，大量生産・大量消費，化石燃料への依存などの条件を基盤とする従来の経済システムのさらなる変革が迫られた。アメリカの未来学者であるアルビン・トフラー（Alvin Toffler）は『The Third Wave（第三の波）』（1980）で農業革命（「第一の波」）や産業革命（「第二の波」）後に続く「まったく新しい文明」を「第三の波」と名付けた。同書では，18 世紀半ばから 19 世紀にかけて起こった一連の技術革新を土台とする「重厚長大・大量生産」型の産業社会の行き詰まりを予言し，「多品種・少量生産」型の脱産業社会が押し寄せると唱えている。また，情報通信技術の発達や，それに伴う生産者（Producer）と消費者（Consumer）の再融合（「生産消費者プロシューマー」：Prosumer）などが脱産業社会へ移行する動因であることを指摘している。このような資源の所有にとどまらず，資源の提供も行う新造語である「プロシューマー」の生産・消費活動の概念化を試みるのはフェルソン（Felson）とスピース（Spaeth）の研究が最初であった。友人とビールを飲む，

家族で洗濯機を一緒に使うなどの行為を「コラボ消費行動（Acts of Collaborative Consumption）」として捉え，さらに「一人またはそれ以上の人が，一人またはそれ以上の他者と共同活動に取り組む過程で経済的な財やサービスを消費すること（Felson & Spaeth（1978），p. 614）」との定義付けも行った。ここまでのレビューの結果を踏まえると，インターネットが普及する前におけるコラボ消費という概念の提起は今日の資源循環的な共有型経済システムである「シェアリングエコノミー（Sharing Economy）」の嚆矢となったと考えられる。

　1990 年代に入ってから，アメリカをはじめとする商用インターネット接続サービスの提供が始まった。これに伴う IoT 技術（Internet of Things：モノのインターネット）や ICT システム（Information and Communication Technology：情報通信技術）の登場はデジタル社会の実現に必要不可欠な前提となっている。その後，空き部屋を貸したい人と，民泊を利用したい観光客のニーズをマッチングさせるサービスを提供するプラットフォーム企業である Airbnb（エアビーアンドビー：2008 年創業）の事業拡大によって，「シェアリングエコノミー」という言葉が初めて新たな経済システムとして注目されるようになってきた。このような影響を受け，ネット時代におけるコラボ消費は ICT に支えられた協働型の共同消費の現象を指す概念に変容してきた。それゆえ，「プロシューマー」の生産・消費現象を表すコラボ消費とデジタル・プラットフォームの存在を前提とするシェアリングエコノミーの両概念は置き換え可能な同義語として捉えられる場合もある。現下におけるコラボ消費とシェアリングエコノミーの相違点を簡潔にまとめると，シェアリングエコノミーはコラボ消費を基に成り立つ経済システムであることと考えられる。

　シェアリングエコノミーが生まれた背景について，リーマンショックをはじめとする 2008 年の世界金融危機による世界的な景気低迷，地球温暖化や公害，廃棄物の増加，ネットの普及により，不特定多数の人々を相手にすることが容易になったという 3 つの契機が挙げられる。そのうち，シェアリングエコノミーの形成に欠かせない ICT システムの役割について，三菱総合研究所は，「ICT プラットフォームによる需要と供給の「見える化」が進むことに

よって，商品・サービスを保有する個人と利用したい個人をマッチングすることが可能になり，個人も供給者として市場に参加することが容易になってきたこと，さらに音楽や動画等におけるサブスクリプション型サービスへの移行に象徴されるように，商品・サービスの「所有」から「利用」へと個人の意識が変化しており，コンテンツだけではなく形あるモノについてもシェアリングが受け入れられるようになってきたこと」と述べている[1]。

　前述した経済的要因（金融危機），技術的要因（デジタル技術の革新），社会的要因（環境への配慮，持続可能な発展目標）のほかには，必要がないものを過度に「所有」するより，シェアやコラボを通じて「共用」することへの関心が高まってきているという生活者要因（ミニマリズム，最小限主義）を見過ごせないとの指摘もある。ここで紹介したシェアリングエコノミーの背景に関する指摘は，いずれも ICT システムの整備を強調し，特にコラボ消費との違いを説明する際には，ICT によるマッチングプラットフォームを前提に論じられる傾向がある。また，このマッチングプラットフォームの成り立ちに欠かせないステークホルダー（利益関係者）は，「プラットフォーマー（シェア事業者）」，「提供者（ホスト）」および「利用者（ゲスト）」の3つがある。プラットフォーマーは，マッチング機能，レビューシステムや決済機能を提供し，提供者と利用者のそれぞれがサービスの提供や，提供されたサービス対価を支払うことが義務づけられている。

　新しい経済システムとしてのシェアリングエコノミーは，伝統的市場経済と比べて特有の特徴を持つことを指摘している一連の研究が挙げられる。スンダララジャン（Sundararajan）は，資本主義社会の構成主体と関連する諸論点を踏まえ，シェアリングエコノミーを「クラウドベース資本主義（Crowd-Based Capitalism）」として捉え，「将来的には，ピアツーピア（P2P）取引が今より一般的になり，企業に代わりクラウド（群衆）が資本主義の中心になる」と予測した[2]。同研究によると，シェアリングエコノミーには次の5つの特徴がある。①「おおむね市場に基づく財の交換と新しいサービスの出現を可能にする市場を創造し，より潜在力の高い経済活動を実現する」，②「資本の影響力が

大きい資産やスキル，時間，金銭など，あらゆるものが最大限活用される新しい機会が生まれる」，③「中央集権的な組織やヒエラルキーよりも，大衆のネットワークが力を持つ資本と労働力を供給するのは，企業や政府ではなく分散化された個人である」，④「パーソナルとプロフェッショナルの線引きが曖昧で，従来「私的」とされてきた個人間の行為が労働とサービスの供給源となる」，⑤「フルタイム労働と臨時労働の境界が薄れ，自営と雇用，仕事と余暇の線引きが曖昧になる」という 5 つの特徴を持っている。

　このシェアリングエコノミーの特徴については，エクハートら（Eckhardt et al.）も議論している。彼らはマーケティング理論の再拡張の立場から，第 1 に，シェアリングエコノミーにおける提供物は永久所有ではなく，一時的にアクセスされるものである。例えば，消費者と飲食店，配達員を繋げるマッチングプラットフォームである「UberEATS」では，配達行為が発生してから配達完了までの特定の時間に限り配達員の時間が得られる。第 2 に，このアクセスは見返り取引であり，無料貸与のようなシェア行為は価値移転を伴わないため，シェアリングエコノミーとは異なる。第 3 に，インターネット上のプラットフォームに対する信頼が基本的条件となる。第 4 に，消費者の役割が拡大し，「需要サイド」と「供給サイド」の両方の身分を持つようになる。例として，プライベートスペースの共有と需要のニーズをマッチングさせる Airbnbでは，取引の対象が「所有権」ではなく一時的な「利用権」である。第 5 に，供給は多数の個々の消費者から，いわゆるクラウドソーシング（Crowd（群衆）と Sourcing（業務委託）の組み合わせ）によるものである。

　これまで述べてきたように，シェアリングエコノミーの背景と特徴を論じる際には，「所有から利用へ」という価値観の一般化，P2P 型取引を成り立たせるプラットフォームの存在，およびインターネット上の信頼関係の構築に主眼が置かれている研究が大半である。

## 1.2　シェアリングエコノミーの定義と分類

　シェアリングエコノミーの定義に関する議論は，広義から狭義の観点まで多

岐にわたって行われてきた。取引の対象という観点から考えると，車などの有形財から，配達サービス，バーチャルオフィス，英会話などの時間，スペース，およびスキルのシェアリングまで，かなりの多様性がある。そのため，あらゆるシェアリングコミュニティを包括的に定義することは困難とされている。

　近年，シェアリングエコノミーの適用範囲は，人口が集積している都市部だけでなく，シェアリングエコノミーによる労働力の最適配分や最適配置が地方経済の活性化や地方雇用の創造につながる共有型経済モデルとして期待されている。地方におけるシェア事業の展開を持続的に推進するためには，地方社会の協働や自治体等によるシェア事業者への信用力の担保が必要となる。この地方自治体の役割について，野田らは，「地方でのシェアリングエコノミーの政策的展開を考えるならば，地方自治体自体が（シェア事業者のプラットフォームを活用しながら）サービスの提供者になることも考えられる。従って，サービスの提供者とサービスの利用者においては，個人間だけでなく，自治体も含めることとする」と強調している[3]。こうした地方創生におけるシェアリングエコノミーの活用という視点を踏まえたシェアリングエコノミーの定義の例として，米田の研究が挙げられる。同研究によれば，シェアリングエコノミーは「プラットフォーマーの事業がニーズに対するサービスの需給のマッチング，いわば不特定多数の個人間の取引（P2P）であるため，事業者の責任を前提としたB2Cの製品・サービス供給とは異なっており，安価・利便性の提案は地方社会の協働を前提としている」とされる[4]。

　シェアリングエコノミーの分類は，シェアの対象，シェアの主体（個人か法人か），シェアの利益志向（営利か非営利か），シェアの機能性（商品のリサイクル，モノのサービス化，労働サービスの交換，生産のための資産のシェア）などのさまざまな視点によって行われる。シェアの対象に基づく分類の一例として，一般社団法人シェアリングエコノミー協会では，モノ，移動，空間，スキル，お金の5つに区別した「シェアリングエコノミー領域マップ」が挙げられる（**図表4-1**）。

| 図表4-1 | シェアの対象によるシェアリングエコノミーの分類 | |

| シェア対象（5種類） | サービスの概要 | 企業例 |
|---|---|---|
| ①モノ | 衣，食，住 | Mercari |
| ②移動 | バイク，車，船，キックボード | Uber |
| ③空間 | ワークスペース，家，倉庫，店舗，駐車場 | Airbnb |
| ④スキル（ビジネス系） | 総合型 | Coconala |
| | 単発バイト | Timee |
| | IT | Techpit |
| | 海外知見 | Locotabi |
| | クラウドソーシング | Lancers |
| ④スキル（生活サポート系） | 家事代行 | タス家事 |
| | 育児 | AsMama |
| | 介護・福祉 | イチロウ |
| | 家庭教師 | スマートレーダ |
| | トレーニング | Fisty |
| ⑤お金 | クラウドファンディング | Makuake |

出所：筆者作成。

## 1.3　シェアリングエコノミーの類似概念

　シェアリングエコノミーの類似概念として，「ギグエコノミー（Gig Economy）」，「オンデマンドエコノミー（On-demand Economy）」，「ピアトゥピアエコノミー（Peer to Peer Economy）」，「クラウドソーシング（Crowdsourcing）」，「フリーランス（Freelance）」などがある。シェアリングエコノミーとギグエコノミーの2つの用語は，置き換え可能な同義語として捉えている研究者も少なくない。

　一方，シェアリングエコノミーとギグエコノミーをまったく異なる概念として区別すべきと主張しているのが大平である（**図表4-2**）。同研究によると，シェアリングエコノミーは生産者と消費者の再融合，すなわちネット時代におけるコラボ消費（消費者同士の協働や共有）を前提としていると言える。これに

第4章 地方創生におけるシェアリングエコノミーの役割 | 91

図表4−2　シェアリングエコノミーとギグエコノミーの違い

| | シェアリングエコノミー | ギグエコノミー |
|---|---|---|
| 対象<br>（説明範囲） | コラボレーションによる消費 | コラボレーションによる問題解決やイノベーション創出 |
| インタラクション | 企業と消費者，消費者と消費者 | 企業と（消費者を含む）ギグワーカー |
| 媒介 | デジタル・プラットフォーム利用を前提 | デジタル・プラットフォーム利用に限定しない |
| 供給者 | 生産者としての消費者（「プロシューマ」） | 労働提供者としての消費者（ギグ・ワーカー）・フリーランス・副業者など |
| 交換・共有物 | ①オペランド資源（車，家，金銭など） | 才能やアイデア，知識，時間などのオペラント資源を中心に（ギグワーク） |
| | ②オペラント資源（空間，データ，才能，アイデア，知識，時間など） | |

出所：大平（2021）をもとに筆者作成。

対して，ギグエコノミーは，「活発なマッチングを容易にするデジタル・プラットフォームを介して，個人あるいは企業との間で，短期間かつタスクに応じた支払いに基づいて，労働と金銭的報酬を交換することを指す経済活動」を意味している[5]。要するに，両用語の違いは，「シェアリングエコノミーは自動車や家などのモノの共有や消費者間のインタラクションに主眼が置かれており，ギグエコノミーは，交換される労働やそれに従事するギグワーカー，労働の成果である問題解決やイノベーションに主眼が置かれている」という点にある[6]。ギグエコノミーにおけるインターネットを通じて交換される単発の仕事は「ギグワーク」と呼ばれ，その「ギグワーク」の受注者は「ギグワーカー（gig worker）」と呼ばれる。ギグワーカーの就労形態は「フリーランス（freelance）」という用語で表現されることも多いが，「雇用主のもとで働くのではなく，一時的な仕事や個別の仕事をして，その都度報酬を受け取る不安定な働き方」を示す時には，置き換え可能な同義語として捉えられる。また，ク

ラウドソーシングは群衆と業務委託を組み合わせた造語で，不特定多数の人に業務を委託する雇用形態を指し，特にインターネットを介する企業の発注行為を強調する際には，クラウドソーシングという用語が使われることもある。

# 2 ── 日本におけるシェアリングエコノミーの推進

　2010年頃，シェアリングエコノミー（共有型経済あるいは協力型経済）によるビジネスは急速に発展していた。中でも，空間のシェアと移動のシェアの領域において，世界的に事業展開を遂行している Airbnb や Uber の両社はプラットフォーム企業の代表例として，短期間に急成長を遂げている。一方，当時の日本では，まだ一部のベンチャー企業などが話題に上る程度であり，シェアリングエコノミーが潜在的に有する社会的な価値に関して，十分に議論がなされているとは言いがたい。

　転機を迎えるのは2014年11月より施行される「まち・ひと・しごと創生法」であった。地方創生の総合戦略に掲げられている地方における安定した雇用の創出や地方への新しい人の流れをつくる等の基本目標の実現のための具体策として，シェアリングエコノミーの有用性に注目が集まりつつある。この背景のもと，日本におけるシェアリングエコノミーに関する最初の政策的議論は，2016年7月に立ち上げた「シェアリングエコノミー検討会議」にさかのぼることができる。また，数ヵ月前，新成長戦略の1つの具体的施策として，幅広い分野におけるシェアリングエコノミーの推進を掲げている「日本再興戦略2016－第4次産業革命に向けて－」が閣議決定されたことに加え，2016年は「シェアリングエコノミー元年」とも言われている。その後，2021年に閣議決定された「まち・ひと・しごと創生基本方針2021」では，シェアリングエコノミーの普及に向けた関連施策が国の重要施策として位置づけられた。

　近年，日本におけるシェアリングエコノミー推進の方向性に関して，内閣官房情報通信技術（IT）総合戦略室が公表した「シェアリングエコノミー検討会議第2次報告書」からうかがうことができる。同報告では，シェアリングエコ

ノミーの推進方策のターゲットを「高止まる提供者・利用者の不安感の解消」，「社会課題の解決や新価値の創造」，「グローバルでの新市場の創出」の3つの方面に取りまとめている。要するに，消費者個人と個人の共助を基盤とするシェアサービスの提供とその利用は，法規制の範囲から離脱するリスクがあり，こうしたリスクの発生に備える安全対策を講じておくことが日本におけるシェアリングエコノミーの普及のカギとなることが考えられる。具体的なアクションとして，例えば，サービスの提供者と利用者間のトラブル解決へのサポート手段として，相談窓口の設置や，サービスへの認知度と信頼度を高めるためのシェアリングエコノミーの概要とプラットフォームの選定基準等を紹介する啓発資料の作成が提案されている。

　そのうち，特にプラットフォーム事業者の選定にあたって，そのシェアサービスの安全性・信頼性を客観的に反映できる基準として創設されたのは「シェアリングエコノミー認証制度」である。シェアリングエコノミー認証制度は政府が公表したガイドラインに基づき，「安全であること」，「信頼・信用を見える化すること」，「責任分担の明確化による価値共創」，「持続可能性の向上」の4つの基本原則の達成状況によって，シェアリングエコノミー協会（一般社団法人）が第三者として認証マークを付与する仕組みである。認証マークの取得に伴う活用可能性として，サービス利用の不安を解消し，プラットフォームとしてあるべき機能を備えたことへの客観的証明の提供のみならず，地方自治体との連携推進や，保険を割引価格で受けられることなどのメリットが挙げられる。2017年6月より認証制度が導入されて以来，延べ34社35サービスが認証マークを取得している。

　スキルのシェアを提供する代表企業となる株式会社クラウドワークスや株式会社ココナラをはじめ，移動のシェアや空間のシェア等，さまざまなシェアサービスの提供に力を注ぐプラットフォーム企業の数が年々増加している。このような影響を受け，近年，日本におけるシェアリングエコノミーの市場規模も急速に拡大している。シェアリングエコノミー協会と情報通信総合研究所との共同調査によれば，2022年度のシェアリングエコノミーの市場規模は2兆

6,158 億円という過去最大規模を記録し，2032 年度には認知度が低い点等の課題が解決した場合には 15 兆 1,165 億円規模まで拡大すると推計している。2019 年 7 月に内閣府経済社会総合研究所が公表したシェアリングエコノミーの生産額の試算データ（2017 年度：6,300 億円〜6,700 億円）と比べると，わずか 5 年の間に 4 倍以上増加すると試算されている。しかも，ライドシェアが未だに解禁されていない点が背景にあることを考慮したうえで，日本でのシェアリングエコノミーは黎明期から発展期にさしかかっていると見られる。

　市場規模の試算データから見ると，日本におけるシェアリングエコノミーは順調に進んでいるように思われるが，現実は順風満帆ではない。成長に立ちはだかる壁の 1 つとして，「シェアリングエコノミー」という用語への認知度をいかに高めるかがある。

　PwC コンサルティング合同会社が公表した「国内シェアリングエコノミー意識調査 2021」によれば，「あなたはシェアリングエコノミーをご存知ですか」との質問に対する答えの結果，具体的に知っている人は全体の 4.8％ しか占めておらず，聞いたことがある程度の回答者の数を加算しても，全体の 27％，すなわち 4 人に 1 人が認知しているにとどまり，シェアリングエコノミーへの認知度が極めて低いことがうかがえる。また，シェアリングエコノミーの利用経験者のうち，30 代までの若年層が全体の 6 割を占めており，移動のシェア（配車サービス）やスキルのシェア（介護サービス）の潜在利用者と考えられる 70 代以上の高齢層の比率は 6.7％ にとどまっている。

　日本での著しい低認知度と比べると，海外の状況はどうだろうか。アメリカのシンクタンク Pew Research Center が 2015 年にオンライン・サービスの利用実態を明らかにするための研究調査を実施した。調査の結果によると，シェアサービスの関連用語の認知率は，クラウドファンディングが 39％，シェアリングエコノミーが 27％，ギグエコノミーが 11％ とのことであった。また，EU28 ヵ国におけるシェアリングエコノミーの認知率に関して，欧州委員会が実施した世論調査の結果では，15 歳以上の 14,050 人の被調査者のうち，半数以上が「協働的プラットフォーム」を認知し，「訪問したことがあり，1 度は

支払ったことがある」という利用経験者は全体の17%を占めている。さらに，シェアリングエコノミーの利用傾向性は利用者の個人属性（主にデモグラフィック変数）によって左右されることも示されている。前述したアメリカでの調査結果とも共通して，年齢が若いほど，学歴と所得が高いほど，住まいが都市部に接近しているほど，シェアリングエコノミーへの認知・利用率が伸びていく傾向にあった。

　以上の結果を踏まえて，日本におけるPtoP市場は将来においてさらなる成長が期待されている業界と言っても過言ではない。しかし，従来のモノの所有価値を重視する消費観から，見ず知らずの他者と財・サービスを共有する行為の実現への道のりはまだ遠い。したがって，普段の日常生活において，シェアリングエコノミーという用語により多く接触できる場面を創造し，特にシェアサービスの利用に不向きなシニア層向けの情報伝達をどれだけ話題にするかが，シェアリングエコノミーへの認知率や新規利用を増やすカギとなる。

# 3── 地方創生の担い手としてのシェアリングエコノミーの役割

　シェアリングエコノミーのメリットとしては，以下の点が挙げられる。①遊休資産（見えないスキルも含む）の活用可能性，②低コストで事業を展開できること，③労働力の最適配分による需給のミスマッチの解消，④地域コミュニティの再生と共助の精神を培う土壌の醸成などである。遊休資産のシェアの例として，観光産業におけるホテル不足の解決策である地方の過疎化による「空き家の活用」が挙げられる。また，「地域の足の確保」のため，ライドシェアを活用して中山間地域の公共交通課題を解決することも可能である。

　低コストという点については，厳しくない規制策定により，取引を仲介する事業者（プラットフォーマー）が低コストで事業を展開できることが挙げられる。また，サービスの供給者にとっても，車，スペース，スキルなどの従来活用しにくい遊休資産をすでに所有している場合，「副業」としてサービス提供

のための初期費用があまりかからないことが利点である。さらに，シェアリングエコノミーはプラットフォームを介して単発の仕事を請け負って収入を得るという，雇用を前提としない新たな働き方を提示している。従来の根強い正規雇用による流動性の低さによる「構造的失業」の状態を緩和する手段として，シェアリングエコノミーは極めて有効と考えられる。しかも，シェアリングエコノミーによる労働力の需給調整は，リタイア後のシニア層，フルタイムで働けない子育て中の若い層，および労働意欲の高い軽度の障害を持つ人々が社会参加できるインセンティブとしても期待されている。

　このようなシェアリングエコノミーのメリットを踏まえ，総務省はシェアリングエコノミーの活用により解決が期待される地域課題を**図表4-3**のように示している。また，地方におけるシェアリングエコノミーの推進主体としては，プラットフォームの運営を担うプラットフォーマーだけでなく，「シェアのまちづくり」の観点から，自治体と中間支援組織（町から委託を受けた民間企業やNPO等）が推進主体として取り組んでいる地域も存在する。人口減に伴う地方独自の課題の解決策をもたらすため，地方で展開されるシェアリングエ

**図表4-3　地域課題の解決に期待されるシェアリングエコノミーの役割**

| 地域課題 | | シェアする資源 |
|---|---|---|
| 子育て支援 | 育児支援，家事負担の軽減などを通じた女性活躍支援 | 家事シェア，育児シェア |
| コミュニティ | 地域コミュニティの形成・強化，多様化する住民ニーズへの対応 | スキル（特に仕事の内容を限定しないもの）等 |
| 交通手段の確保 | 公共交通空白地域の移動手段の確保，買い物支援など | カーシェア（自家用車，公用車等） |
| 防災 | 発災時に想定される物資の不足 | 支援物資，家屋，移動トイレなど |
| 就業機会の創出 | 住民の所得の向上，ライフスタイルに合わせた働く場の提供 | クラウドソーシング・テレワーク |
| 観光振興 | 地域の魅力の発信，交流の活発化 | 民泊（家），駐車場シェア |

出所：総務省『シェアリングエコノミー活用ハンドブック－地域課題の解決に向けて－』（p.4）をもとに筆者作成。

コノミーを「温もりのあるイノベーション」として，地方自治体が社会的な課題の解決策として位置づけている。世界各地で生まれ始めている政府主導型の「シェアリングシティ」の推進例のように，地方自治体とシェアリングサービスが手を組むことによって，シェアを街のインフラとして浸透させる大きな助力になると考えられる。

　地方におけるシェアリングエコノミーの導入状況については，鳥取大学情報経済研究室が2021年10月から12月にかけて行ったアンケート調査の結果からうかがえる。まず，シェアリングエコノミーの推進主体として最も多いのは「行政（市町村）」（39件）である。他には，「民間企業」（19件）や「中間組織（NPO法人等）」（9件）を主体として事業を展開している地域もある。また，シェアリングエコノミーに取り組む目的としては，「就業機会の創出」（20件）が最も多く，「観光振興」（15件），「地域の足の確保」（11件），「需要ひっ迫解消」（10件）が続いている。「地域労働力の解決」，「フリーランスの育成」，「所得向上」や「女性活躍」が「その他」の回答として挙げられる。

# 4 ── 株式会社クラウドケアの事例

## 4.1　介護保険と介護保険外サービス

　要介護者の自立支援を目的とする介護保険サービスは，給付の監督主体（都道府県・政令市・中核市か，市町村か）によって，居宅介護サービス（12種類），施設介護サービス（4種類），介護予防サービス（10種類），地域密着型介護サービス（9種類），地域密着型介護予防サービス（3種類）の5つのグループに大別される。令和2年度介護給付費実態統計の結果を踏まえると，介護保険給付に係る総費用のうち，施設介護サービス（33.9％）や地域密着型介護サービス（17.6％）より，訪問介護・看護，訪問リハビリテーション，短期入所生活介護等の居宅介護サービスの給付率（43.8％）が最も高いと見受けられる。

　介護保険総費用の構成は公費（国25％，都道府県12.5％，市町村12.5％）と保険料で折半する構造である。特に保険料の部分に関しては，23％を65歳以上

の高齢者（いわゆる第1号被保険者），27% を 40 歳以上 64 歳未満の第2号被保険者が負担する。介護保険制度が 2000 年 4 月に実施されて以降，介護サービスの需要は年々右肩上がりに増えている。介護保険事業状況報告書（令和3年）によれば，65 歳以上の被保険者数（第1号被保険者）は公的介護保険制度創設後初の 2,165 万人から 2021 年 3 月末には 3,579 万人と約 1.7 倍に膨らんだ。要介護（要支援）認定者数も絶えず増加し，2000 年 4 月末の 218 万人と比べると，3.1 倍増で 682 万人まで伸びている。

　要介護（要支援）認定者数の増加に伴い，介護保険給付の総費用額は創設初年度の 3.6 兆円から，2022 年にはついに 11 兆 1,912 億円という過去最高の支給額を更新した。財源の確保を図るため，政府は 3 年ごとの制度改正や報酬改定を行っており，これにより保険利用者の負担割合が引き上げられ，介護報酬が引き下げられる施策が展開されている。その結果，利用者負担額（月額）は年々右肩上がりで増加し，2023 年の 65 歳以上の介護保険負担額は 2000 年の 2,911円から 6,014 円までに上がった。しかしながら，介護保険負担額の増加はこれで終わりになるわけではない。少子高齢化問題の加速により，2025 年には現行の保険料から 8,165 円に上昇することが見込まれており，特に年金だけで暮らしている高齢層にとっては，かなり大きな負担になっている。また，介護報酬の頻繁な引き下げにより，介護職員の求職者数が急激に減少するのは当然の帰結である。2003 年度（－2.3%）および 2006 年度（－2.4%：2015 年－2.27%）の二度にわたるマイナス改定により，求職者数は毎年大幅に減少した。特にホームヘルパーの求職者数の減少は著しく，2003 年度の 16,230 人から 2008 年11 月には 5 分の 1 の 3,335 人まで低下した。この背景から，「介護人材の不足」が大きな社会課題としてしばしば取り上げられている。

　したがって，現行制度の下で増加傾向が続いている介護需要に対応するための財源確保と介護人材の確保を根本的に解決するのは不可能だと言わざるを得ない。この背景のもと，介護保険制度による規制を受けない「介護保険外サービス」を民間業者が提供できることは，公的関与の強化を抑制し，将来を見据えた制度改革の方向の 1 つとして脚光を浴びている。介護保険外サービスと

は，介護保険の適用範囲外であり，利用者が全額負担する介護サービスのことである。具体的には，介護保険の支給限度額を超えた自費サービス（上乗せサービス）や，追加サービス（横出しサービス）が含まれる。「自助への支援」の色が濃い介護保険サービスには，「要介護・要支援認定が必要」，「長時間の依頼ができない」，「急な利用依頼に対応できない」，「希望のヘルパーを指名できない」などのさまざまな制約がある。それに対して，介護保険外サービスは，介護保険だけでは対応しきれないニーズや要望に応えるために利用される。例えば，給食や配食，外出支援，通院時の付き添い，ビューティーケアなどの「予防と自立につながる」形ではない家事援助の例が多く挙げられる。

## 4.2　株式会社クラウドケアの取り組み

　本節では，介護施設が実際に提供している介護保険外サービスではなく，要介護者とヘルパーを Web 上でつなぐマッチングプラットフォームの構築に取り組んでいる株式会社クラウドケア（以下：クラウドケア社）の事例を紹介する。クラウドケア社は，日本における「シェアリングエコノミー元年」とも言われている 2016 年に設立され，ネット上での介護保険外サービスのシェアを可能にするマッチングプラットフォームの開発や運営を行っているプラットフォーム事業者である。会社が設立された翌年の 2017 年 11 月には，「介護スキルのシェア」の領域におけるプラットフォームの信頼性に関して，第三者の客観的な評価基準を満たしたことで，前文で言及したシェアリングエコノミー認証マークを取得した。図表 4-4 で示されている通り，クラウドケア社の仕組みは，介護が必要な人（要介護者）と適切な介護サービスを提供できる人（ヘルパー）がプラットフォームを介して，消費者間取引を自動的に行うビジネスモデルである。そのため，要介護者層の認知率や利用傾向をいかに高めるかだけでなく，すでに登録された要介護者の人数と多様な介護ニーズに即時に対応・マッチングできるヘルパーの登録数を確保することが市場開拓のカギとなっている。

　介護保険の利用にあたっては，要介護・要支援の認定が必要とされ，提供で

図表4-4　「シェアリングエコノミー型の介護保険外サービス」の利用・提供の仕組み

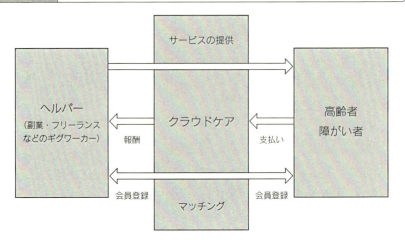

出所：筆者作成。

きるサービスも極めて限られている。それに対して，クラウドケア社は介護保険では対応できない，介護サービスから家事支援までのあらゆる面で要介護者のニーズに対応するという，ニッチ戦略を実行している。現在，対応可能なサービスの例として，介護・介助手伝い，通院付き添い，外出付き添い，日中・夜間の見守り介護，家事代行，その他の生活支援（草むしり，ペットの世話，電球の取り替え）などの幅広い介護保険外サービスの内容が挙げられる。他には，カラオケ付き添いや映画館付き添いなどの余暇付き添いサービスも提供されるようになった。こうした一見すると介護と関係のないサービスがクラウドケア社によって提供される理由として，高齢者層の社会参加頻度と介護予防効果との関係性を示した研究が取り上げられる。千葉大学予防医学センターは13市町の約5万2千人の高齢者を対象とする実証的研究を行い，種類別の社会参加頻度と要支援・要介護認定との関連を検証した。その結果，スポーツや趣味の会に月1-3回，週1回以上参加している高齢者は要支援・要介護認定リスクが14-24％低くなることが明らかにされた。したがって，自費介護

サービスの提供という狭い視点ではなく，要介護状態の発生を防ぐという「介護予防」の視点から，特に介護スキルが不要となる余暇付き添い類のサービスの提案・提供は競争他社との差別化を図る意図が見受けられる。

　Web上でつなぐマッチングサービスとなるため，サービスの利用申し込みを行う際には，まず，メールアドレスやパスワードの入力で会員登録が必要である。会員登録をした後，会員ページにおいて，個人情報の入力や本人確認書類のアップロードなどの手続きが待っている。ネット上での会員登録のほかには，インターネットに慣れていない高齢者が多いことを踏まえて，電話での対応も可能である。しかし，依頼内容の選択やヘルパーとのやり取りは基本的にマッチングプラットフォームを通して行われるため，サービスの利用を円滑に続けるためには，スマホやパソコンの基本操作の習得，または利用の都度，操作を代行してくれる第三者の存在が必要である。利用者本人の情報登録を終えた後，依頼内容や希望日時を入力すると，最適なヘルパーがマッチングされ，メールで連絡が届く。サービス提供の当日までメッセージ機能でヘルパーとの直接のやり取りが可能である。現在，サービスの提供地域は主に東京都，神奈川県，埼玉県，千葉県に集中しており，料金体系は時間利用料で基本料金とオプション料金から構成されている。サービス利用の頻度によって，基本料金の時間単価（1週間に1回以上：2,500円／時間；2週間に1回以上：2,800円／時間；必要な時だけ：3,000円／時間）が異なり，さらに，ヘルパーを指名したり，延長したりする場合には，それぞれのオプション料金（指名料金：440円／時間；延長料金：基本料金の50％増し）が課されることがある。

　マッチングプラットフォームを通じて，隙間時間を活用してサービス提供者側として働きたい場合，利用者と同じく，まずはヘルパー登録が必要である。登録完了後，クラウドケア社が行う面接や研修に出席し，働きたい日時や仕事の内容が決まると，サービスのマッチングや実施の段階に進む。クラウドケア社は介護から家事支援までの幅広い介護保険外サービスの提供に取り組んでいるため，介護・看護・医療等の資格取得はヘルパー募集の必須条件ではなく，資格を持っていなくてもヘルパーとして働くことが可能である。ヘルパーの時

給は基本的には1,500円から2,000円の間で変動し，早朝・深夜やヘルパー指名の場合には，時給が3,000円を超えることもある。関連資格を持っている場合，前述した1,500円という最低時給が若干上がる。例えば，介護福祉士の最低時給は1,650円で，看護師や医師の時給はそれぞれ1,700円から2,000円となっている。したがって，資格取得済みと資格なしの差が報酬制度に反映される。クラウドケア社は，想定しているヘルパー像について，「ダブルワークや副業で働く方。単発・スポット，定期的に仕事をする方。短時間や長時間の仕事をする方。夜勤専門の方。」としている。UberEATSやCrowdWorksなどのスキルシェアを可能にするプラットフォーム事業者と同じく，スキル提供者の数を最大限に確保するため，隙間時間の活用，やりたい仕事の選択自由，および努力次第で収入増などのフリーランスのメリットをアピールしている。この点は，正式な雇用契約に基づく供給と需要のマッチングという従来の働き方とは異なり，人手不足の解決が期待されるシェアリングエコノミーの最大の特徴である。

## 4.3　シェアリングエコノミー型の介護保険外サービスの利用状況

　要介護者とヘルパーのそれぞれの側面から，サービス提供の仕組み，利用の流れ，料金システム等について，クラウドケア社が取り組んでいる事業の詳細を概観した。次に，要介護者の実際の利用傾向を説明する。

　クラウドケア社は自社のサービス利用動向を把握するため，「シェアリングエコノミー型の介護保険外サービスの利用動向」という調査を行った。公開されているデータによれば，まず，性別の割合に関して，男性利用者（33%）に比べ，女性利用者（67%）の数が圧倒的に多い。年齢層については，90代が最も多く（51%），次に50代（23%）と80代（15%）が続く。サービスの利用を申し込む方の類別の結果では，利用者本人と家族がそれぞれ48%と45%を占めており，病院・有料老人ホームの相談員等のその他が7%弱とみられる。次に，家族構成については，「独居」が43%，「家族と同居」が40%であり，残りの17%が「施設」に住んでいる。また，利用者の要介護度・障害者割合に

関して，利用者の半分（50%）が要支援・要介護の認定を受けていないことがわかった。この点から考えれば，「介護保険で対応できない部分を補完する」というシェアリングエコノミー型の介護保険外サービスが本来ならば期待される役割より，利用者側にとっては，「要支援・要介護の認定を受けていないため，介護保険の利用ができない」ということが真の利用動機となると推測される。最後に，依頼内容別の集計結果（2022年1月1日〜2023年12月31日）を確認したところ，最も多く利用されている介護保険外サービスは「自宅での移動介助・見守り」であった。特に介護施設ではなく自宅で過ごしたい場合や，仕事や遠距離等の理由で家族が介護できない場合には，介護保険外サービスの利用が多く発生したと見受けられる。依頼内容ランキングの2番目は「家事手伝い・家事代行」である。「家事手伝い・家事代行」の具体的な利用例として，料理や食器片付け，掃除や洗濯等の内容が挙げられる。介護保険の場合では，原則として，要介護者と同居している家族がいる場合，訪問介護による家事代行サービスの提供に制約が課される。こうした介護保険による制限があるため，介護保険外サービスへのニーズが生まれる。

　家事代行サービスの利用者のうち，要介護者本人だけでなく，家族分の食事の用意や同居家族が使用したスペースの掃除等の依頼も多く見られる。次に，「介護・介助の手伝い」，「通院付き添い」，「病院・介護施設での介護や見守り」等の依頼内容が3位から5位まで続いた。特筆すべきは，依頼内容ランキングの5番目となる「病院・介護施設での介護や見守り」の依頼状況であり，保険外サービスの利用対象は要介護者という消費者個人（Consumer）だけでなく，病院・介護施設側という一般企業・組織（Business）からの依頼もあることである。他には，余暇付き添いサービスの実際の利用例として，スポーツジムの付き添い，夫婦ふたりの旅行付き添い（ヘルパー2人），旅行先での入浴介助，およびコンサート・ライブ付き添い等の依頼事例も挙げられる。

## 4.4　事例のまとめ

　ここまで，介護保険サービスの内容と保険外サービスとの違いを概観したう

えで，「介護スキルのシェア」の領域において，プラットフォーム業者である
クラウドケア社の取り組んでいる事業の詳細や，主に要介護者の利用状況を整
理してきた。まとめとして，「要介護者の自助」と「地方における介護人材の
確保」の2つの観点から，今後の地方介護の推進に対するシェアリングエコノ
ミーの役割を提起していきたい。

　「介護の社会化」の推進における国の責任主体性を強調する公的支援の介入
は，介護保険制度が創設される背景となった。しかし，少子高齢化と地方にお
ける人口減少の深刻化に伴い，各地方の人口特性に応じて，地方で自主的・主
体的に取り組むべき共通のケアシステムの構築が求められている。そのため，
厚生労働省が中心となり，2025年（令和7年）を目途に，住まい・医療・介
護・予防・生活支援が一体的に提供されるような地方自主性の発揮を期待する
「地方包括ケアシステム」の構築を推進しようとしている。この「地方包括ケ
アシステム」の一環として，「公助」の性格が濃い介護保険に加えて，ボラン
ティアや住民主体間の「共助」と，要介護者の「自助」を促す多様な介護保険
外サービスの開発・提供も提言されている。「介護費用が増加する中で，すべ
てのニーズや希望に対応するサービスを介護保険制度が給付することは，保険
理論からも，また共助の仕組みである社会保障制度の理念に照らしても適切で
はない」という『地方包括ケアシステム研究会報告書（2009）』からの記載を
踏まえ，要介護者の多様なニーズに対応できる介護保険外サービスという選択
肢の提供は，地方自主性の実現に関わる重要な象徴になるであろう。

　こうした「要介護者の自助（自費で介護保険外サービスの購入）」を目標の1
つとしている「地方包括ケアシステム」の構築の一助となるのは，クラウドケ
ア社が運営している介護保険外サービスの即時マッチングを実現するプラット
フォームである。一方で，介護保険総費用の構成における公費（国25％，都道
府県12.5％，市町村12.5％）の部分を見ると，保険料給付が絶えず高騰している
ことは，国や自治体だけではなく，どの行政主体にとっても望ましいことでは
ない。介護保険制度の持続的発展を図るため，さまざまな介護給付費の抑制策
や，歳入増加策という公的関与の立場から3年に一度の介護保険制度の見直し

第4章　地方創生におけるシェアリングエコノミーの役割 ｜ 105

が行われてきた。2024年1月22日に厚生労働省が公表した次期介護報酬の改定案によると，全体の改定率はプラス1.59%になるものの，「身体介護」，「生活援助」等の訪問介護の基本報酬を引き下げる案が示された。介護事業に携わる民間企業，NPO，全労連等から訪問介護の基本報酬引き下げの撤回を求める抗議の声が広がっている。このような労働集約型による低賃金性，加えて，改善しようとしてもうまく進まない「3K：きつい，汚い，危険」という厳しい労働環境の影響で，介護職が敬遠されつつある。介護福祉士やホームヘルパーの資格を持ちながら，働いていない介護人材は200万人以上存在する（下野，2009）。また，中央福祉人材センター（2023）が公表した統計データによると，介護・福祉業界における職種別基本時給は1,200円前後となり，一番少ないのは介護補助で，わずか918円である。それに対して，ダブルワークや副業が可能で，しかも最低時給が1,500円からとされているマッチングプラットフォームの存在は，低賃金やミスマッチ等の理由で介護職を敬遠してきたヘルパーたちにとって，介護業界に入る，または出戻る大きな契機となるであろう。

　シェアリングエコノミーの推進に伴う課題の例として，前文にも述べたように，ネット上における不特定多数の消費者間（自然人）の取引活動であるため，法規制の範囲から逸脱するリスクが高いことが挙げられる。したがって，利用促進のため，シェアリングエコノミーにおける安全で信頼できるプラットフォームの保障やトラブル発生に備える保険・補償制度の整備が求められている。また，もう1つの課題は，日本におけるシェアリングエコノミーへの認知率が極めて低い点である。2010年以降，海外市場において急速な市場規模増を遂げ，現在も年12%の成長率で広がり続けているシェアリングエコノミーの代表格とされるライドシェアが，ようやく2024年4月から日本国内の一部地域で解禁された。「原則として有償での運送に自家用車を使用してはならない」と禁止されていた理由の通り，シェアリングエコノミーという「共有型経済」の適用範囲は政府の規制に大きく依存すると言わざるを得ない。今後，国内におけるライドシェアの利用増に伴い，より多くの消費者がシェアという消費行為に馴染むことによって，移動のシェアのみならず，その他のシェアサー

106

ビスの利用にも繋がる大きな契機となると考えられる。

　前述のような課題解決のための取り組みとして，クラウドケア社は，政府・自治体との連携や法人向けのサービス提供等の利用拡大やシェアリングエコノミーの低認知率の改善を図る事業活動を展開している。具体的には，介護離職やヤングケアラーといった介護に関する社会課題の解決のため，新しいテクノロジー・ソリューションとして，渋谷区官民連携オープンイノベーションの採択企業に選出された。渋谷区に在住・在勤している人，または高齢者施設をモニターとし，特別価格でサービスを提供することによって，新規利用の増加やモニターの利用後の感想をフィードバックすることを行った。経済産業省が公表した「2022 年経済産業省企業活動基本調査速報（2021 年度実績）調査結果の概要」によると，ビジネスケアラー（仕事をしながら家族等の介護に従事する者）の数は年々増加傾向であり，2030 年時点でビジネスケアラー発生による経済損失額は約 9 兆円に上ると推計されている。介護と仕事を両立できる環境づくりに向けて，カバー範囲が限定的である公助（介護保険サービス）のほかに，企業内部において従業員の介護保険外サービスへの需要に対応できる体制の整備が求められている。この流れを受けて，2022 年 8 月にクラウドケア社は株式会社ガイアックスと提携し，法人向けの福利厚生プランの提供を始めた。ガイアックスに所属する社員とその家族は，通常価格の 50% 以下の金額で訪問介護・家事・生活支援といった介護保険外サービスを利用できるようになる。

## 【注】

1 ）株式会社三菱総合研究所（2018）『ICT によるイノベーションと新たなエコノミー形成に関する調査研究』，30 頁による。

2 ）Sundararajan（2016），pp. 26-30 を参照。

3 ）野田ら（2018），14 頁による。

4 ）米田（2020），339 頁による。

5 ）大平（2021），47 頁による。

6 ）大平（2021），46 頁による。

第 4 章　地方創生におけるシェアリングエコノミーの役割　|　107

**参考文献**

大平進（2021）「ギグ・エコノミーが製品開発に及ぼす影響－新しい働き方がもたらすイノベーション創出の可能性－」『マーケティングジャーナル』40（3），45-57。

下野恵子（2009）「介護サービス産業と人材確保」『季刊家計経済研究』（82），13-23。

関根孝（2020）「シェアリング・エコノミーとマーケティング」『専修商学論集』111，141-163。

野口功一（2017）『シェアリングエコノミーまるわかり』日経文庫。

野田哲夫・田中哲也・王皓・泉洋一・角南英郎・野澤功平（2018）「地方におけるシェアリングエコノミー政策の展開と課題」『経済科学論集』（45），1-29。

米田篤裕（2020）「シェアリングエコノミーを支える地域社会」『経済学論纂』60（5・6），339-359。

李キョンテ（2021）「コラボ消費の概念と多元性に関する一考察～シェアリングエコノミーと関連して～」『経営論集』97，47-69。

内閣官房情報通信技術（IT）総合戦略室「シェアリングエコノミー検討会議第 2 次報告書－共助と共創を基調としたイノベーションサイクルの構築に向けて－」，https://www.digital.go.jp/assets/contents/node/basic_page/field_ref_resources/5adb8030-21f5-4c2b-8f03-0e3e01508472/20211101_policies_posts_interconnected_fields_share_eco_02.pdf（2019 年 5 月公表）。

シェアリングエコノミー協会ウェブサイト「シェアリングエコノミー市場調査 2022 年版」，https://sharing-economy.jp/ja/20230124（2023 年 1 月公表）。

PwC コンサルティング合同会社ウェブサイト「国内シェアリングエコノミー意識調査 2021」，https://www.pwc.com/jp/ja/knowledge/thoughtleadership/2021/assets/pdf/sharing-economy2109.pdf（2021 年 6 月公表）。

総務省『シェアリングエコノミー活用ハンドブック－地域課題の解決に向けて－』，https://www.soumu.go.jp/main_content/000747025.pdf（2024. 3. 11 アクセス）。


Botsman, R., & Rogers, R. (2010). *What's Mine Is Yours: The Rise of Collaborative Consumption*. New York, NY: HarperBusiness.（小林弘人監修・関美和訳（2010）．『シェア〈共有〉からビジネスを生みだす新戦略』NHK 出版）

Eckhardt, G. M., Houston, M. B., Jiang, B., Lamberton, C., Rindfleisch, A., & Zervas, G.

(2019). "Marketing in the sharing economy". *Journal of Marketing, 83* (5), 5-27.

Felson, M., & Spaeth, J. L. (1978). "Community structure and collaborative consumption: A routine activity approach". *The American Behavioral Scientist, 21* (4), 614-624.

Lepanjuuri, K., Wishart, R., & Cornick, P. (2018). *The characteristics of those in the gig economy.* United Kingdom: Department for Business, Energy and Industrial Strategy.

Sundararajan, A. (2016). *The Sharing Economy: The End of Employment and the Rise of Crowd-Based Capitalism.* Cambridge, Massachusetts: The MIT Press.（門脇弘典訳（2016）.『シェアリングエコノミー：Airbnb, Uber に続くユーザー主導の新ビジネスの全貌』日経 BP 社）

| 109

## 第 5 章
# 地域活性化のための効果的な
# 情報発信行為の制約要因

## 1 —— クチコミとネット・クチコミ

　基本的な情報交換を行うための最も原始的なコミュニケーション形態と認識されてきたクチコミは，英語では「Word of Mouth」と呼ばれる。1533 年にはオックスフォード英語辞典に「Word of Mouth」という単語がすでに収録されていた。この辞典には，「書き言葉およびその他の手法の表現とは異なり，『口頭のコミュニケーション』，『口頭のパブリシティ』，あるいは単純に『話すこと』である」と解釈されている。したがって，当時の定義から見れば，クチコミは単なる口頭で交わされる会話という素朴なコミュニケーション現象として認識されていたと考えられる。

　ところが，20 世紀初頭から 1920 年代までのマス・コミュニケーション理論の創成期において，マス・メディアがフォロワー（受け手）に対する直接的な影響を持つものとして提唱された「弾丸理論」（Bullet Theory）がある。その後，当時のアメリカ大統領選挙におけるマス・コミュニケーションとパーソナリティ・コミュニケーションの効果の違いを明確にすることを目的とした比較研究が行われた。実証分析の結果により，マス・メディアの影響力を規定する「オピニオン・リーダー」の存在が明らかにされた。「オピニオン・リーダー」とは，世論先導者と同じ意味で，他者の態度や行動にしばしば影響を与える人物と定義される。さらに，オピニオン・リーダーは，①特定領域の商品カテゴリーやブランドについて詳しく，それに関するマス・メディア情報や他者の意

見などを積極的に収集している，②オピニオン・リーダーとその影響を受ける人は，人口学的特徴（性別，年齢，職業など）や考え方・信念において，似通っていることが多い，③性格的には，自信家で社交的な人が多い，④新商品を発売間もない時期に購入することで，フォロワーに情報提供を行うという，以上の４つの特徴を持っている。1955 年に，ファッション，映画鑑賞，あるいは食料品店での買い物行動といったさまざまな消費者行動を対象にした実証研究によって，マス・コミュニケーションよりオピニオン・リーダーによるパーソナリティ・コミュニケーション（クチコミ）の方がより強い説得力を持っていることが明確になったのである。

　1960 年代に入ると，以上の研究の流れを踏まえ，クチコミへの認識は単なる口頭で交わされる会話という素朴なコミュニケーション現象だけでなく，社会心理学，消費者行動研究，マーケティングなどの分野で学術的な概念として認識され始めた。濱岡・里村（2009）はそれまでのクチコミの定義を整理し，クチコミを定義する際に満たすべき３条件を提起している。それは，①話し手と受け手との間のコミュニケーションであること，②ブランド，製品，サービス，店に関する話題であること，③受け手が非商業的な目的であると知覚していること，の３点である（**図表 5-1**）。

| **図表 5-1** | **3つの要件を満たすクチコミの定義例** | |
|---|---|---|
| | 対人コミュニケーション | 商業的な内容 | 非商業的な目的 |
| Arndt（1967） | クチコミは発信者と受信者との間の口頭による対人コミュニケーションである。受信者にとって，クチコミは非商業的であり，ある販売・提供される財，サービス，ブランドに関する情報である。 | | |
| Webster（1970） | 非商業的であると知覚される送り手と受け手との間の対人コミュニケーションであり，それは，製品やサービスに関するものである。 | | |
| Lampert and Rosenberg（1975） | クチコミは商業的に無関係な人と人との間における商品に関する情報交換である。 | | |
| Westbrook（1987） | クチコミは他の消費者との特定の商品の所有，使用，販売に関するインフォーマルな交流である。 | | |

　出所：蘇文（2015）をもとに筆者作成。

第5章　地域活性化のための効果的な情報発信行為の制約要因 ｜ 111

　1990年代に入ると，情報通信技術が急速に普及したことにより，消費者を取り巻く情報メディア環境やそれに起因する消費者行動自体も大きく変化した。Facebook，Twitterなどのソーシャル・ネットワーキング・サービス（Social Networking Service: 以下，SNS）の出現，アマゾン，楽天などの電子商取引（Electronic Commerce）事業を中心とする小売業の台頭，および数多くのオンライン決済手段の導入に伴い，消費者間のコミュニケーションがより活発に行われた。このようなメディア環境の変化に伴い，消費者は単なる一方的な情報の受信者ではなく，膨大な情報の中から役に立つ内容のみを抜き出し，さらに，それらの情報を，ネットを通じて他の見知らぬ消費者同士に発信することが可能となってきた。

　以上のようなインターネットを媒介するコミュニケーション現象を学問的な視点から最初に系統的に解明し定義したのは，2004年のヘニング・サーローら（Henning-Thurau et al.,）の研究である。同研究によれば，インターネットを介する情報交換行動をEWOM（Electronic Word of Mouth）と名付け，さらにネット・クチコミを「インターネットにおける潜在的消費者，購買者，または購買した消費者の商品や企業に関するあらゆるポジティブ，あるいはネガティブな評価であり，これらの評価はインターネット上で多くの人に見られる」と定義している[1]。このネット・クチコミの定義は前述のクチコミの定義と比べると，コミュニケーションの形式（対人コミュニケーション）や情報の内容（商業的な内容）がクチコミとネット・クチコミの類似点と言える。また，媒介，コミュニケーション相手との関係性，発信者の目的などの点で差異も生じることがわかる。発信者の目的に関して，インターネット上での発信者の匿名性により，ネット・クチコミの発信者が非商業的な目的を持っているかどうかを判別できないことは無視できない。クチコミとネット・クチコミの特徴について，**図表5-2**に整理している。

　商品の購買に関するクチコミの有効性に関する研究から，多くの示唆が得られた。例えば，キャッツとラザーズフェルド（Katz and Lazarsfeld）は，主婦が家庭用品を購入する際のブランド・スイッチング行動に対する異なる情報源

| | クチコミ | ネット・クチコミ |
|---|---|---|
| 媒介 | 口頭による会話 | インターネットを介する<br>オンライン・コミュニケーション |
| コミュニケーション<br>対象との関係性 | 特定少数の家族，友人および<br>見知らぬ他人全部含む | 不特定多数の見知らぬ他人だけ |
| 発信者の目的 | 非商業的 | 商業的，または非商業的，<br>判断できない |
| 情報伝達の量 | 一定時間のうちに少量 | 一定時間のうちに大量 |
| 情報伝達の効率 | ほとんど一対一のため，<br>効率低 | 多対一，多対多いずれも<br>可能となり，効率高 |
| コミュニケーション<br>の形式 | 対人コミュニケーション | 対人コミュニケーション |
| 情報の内容 | 商業的 | 商業的 |

図表5-2　クチコミ，ネット・クチコミの特徴

出所：濱岡・里村（2009）をもとに筆者作成。

の説得効果を比較した研究を行った。その結果，クチコミの説得性は新聞や雑誌広告の7倍，セールスマンのプロモーションの4倍，ラジオ広告の2倍に上ることが示された。アーント（Arndt）は，食品（新製品）のクチコミの内容と購買行為との関係性を検証し，正のクチコミが消費者の購入を促進し，負のクチコミが購入を阻害することを明らかにした。以上の研究対象である家庭用品や食品といった商品カテゴリー，すなわち有形財だけでなく，リュー（Liu）は，映画に対するネット・クチコミの数およびその内容の正負比率と映画の興行成績との関係を回帰分析で検証した。その結果，映画の週次および総興行成績は，ネット上に存在するクチコミの内容の正負比率ではなく，クチコミの数の多少によって規定されることが示された。蘇は，有形財と比べて無形財であるサービスの不確実性が高いため，サービスの購入において消費者が知覚リスクを低減するために積極的に外部情報を利用する可能性が高いことを提示した。したがって，中国において旅行サービスを購入する際に，ネット・クチコミを利用する消費者の情報探索行動を解明することを目的とする実証研究が行

第５章 地域活性化のための効果的な情報発信行為の制約要因 | 113

われ，情報源との関係性，発信者の専門性，情報の顕著性，クチコミサイトの信頼性と有用性などの要因が消費者の情報受信程度に影響を与えることが予測される。菊盛は，ネット・クチコミの正負比率が消費者の製品評価に及ぼす影響の程度が財の種類によって異なることを考察した。クチコミ対象製品の種類を快楽財／実用品および経験財／探索財に分けて分析し，快楽財の場合，多数の正のクチコミの中に少数の負のクチコミが存在すると製品評価は高くなり，探索財の場合，サイト上で負のクチコミの比率が増加しても製品評価は緩やかに低下することが示唆された。無形財や異なる商品カテゴリーの購入におけるネット・クチコミの有効性を検討した研究もある。

　上述したように，クチコミが消費者の購買行為に与える影響を明らかにする既存研究は，大きく刺激（ネット・クチコミの量，符号，感情の強さ，視角的シグナルなど），受け手（知覚されたリスク，関与，学習能力，パーソナリティなど），文脈的要因（クチコミ・プラットフォームなど），反応（態度，ブランド・ロイヤリティ，購買意図，購買行為など），および送り手（専門性，類似性，受け手とのつながりなど）の５つの視点に分けて展開されてきた。従来の研究では，ネット・クチコミを刺激－生体－反応モデル（Stimulus-Organism-Response）に依存する１つの外的刺激要因として捉えるのが大半である。しかしながら，消費者は実際に受動的に刺激を受けるのではなく，ネット環境を整えれば，いつでもどこでも必要な情報を手に入れることができる。したがって，ネット・クチコミから消費者の反応までという伝統的なルートではなく，意思決定プロセスにおける問題解決として，消費者がいかなる情報内容を能動的に検索していくのかを明らかにすることは，ネット上の消費者行動の特徴を把握する上で不可欠であると考えられる。

# 2 —— 知覚リスクと情報探索行為

## 2.1　知覚リスクの定義と種類

　消費者が製品の品質に一定の期待を持って購買行為を行う場合，サービス品

質のばらつきにより製品の品質が必ずしも消費者の期待水準を満たさない可能性がある。このような不確実性の存在とその購買結果の重要性が，消費者の購買決定に影響を与えている。これら2つの要因の相互作用により生じる購買結果に対する不安の程度は，「知覚リスク（Perceived Risk）」として知られている。この認識を基に，消費者の購買行為に伴う知覚リスクの構造モデルとその測定は，「不確実性（Uncertainty）」と「結果の重大性（Consequence）」の2つの要因に焦点を当てて研究されてきた。「不確実性」とは，ある製品もしくはサービスの品質のばらつきに対する消費者の感知を意味し，「結果の重大性」は，自動車や結婚式・披露宴のような高価格であり，直接身体や社会的評判に影響を与える製品ほど高いとされている。知覚リスクには，①金銭的リスク（金銭的損失），②社会的リスク（自己イメージへの悪影響），③機能的リスク（製品の基本機能），④感情的リスク（購買失敗に伴う自尊感情の低下），⑤健康的リスク（身体への危害）など，複数のタイプが存在することも明らかにされている。

　知覚リスクはあくまでも主観的な感知であり，消費者の個人属性（性別，年齢，購買経験，当該製品に対する知識量など）によって，実際に知覚されるリスクの内容と種類が異なる可能性がある。したがって，知覚リスクの内容とタイプをより詳細に描写するため，さまざまな分類が試みられてきた。例えば，商品の機能や品質，および使用経験がもたらす幸福感に対する不安や懸念を説明する機能的リスクと心理・社会的リスクの分類法がある。また，ジャコービーとキャプラン（Jacoby and Kaplan）は，カラーテレビ，スーツ，歯磨き粉などの有形財と生命保険などのサービスを含む12種類の商品に対する知覚リスクを測定し，金銭的リスク，社会的リスク，機能的リスク，感情的リスク，および健康的リスクの5つの異なるリスクタイプを確認した。神山・高木は，従来のリスク分類を洋服の購買過程に適用する際，必ずしも明確に表示できないと考え，男子大学生と女子大学生の洋服の購買過程における「知覚されたファッション・リスク」の内容を集団別因子分析で識別した結果，「流行性懸念」，「自己顕示懸念」，「規範からの逸脱懸念」を含む「ひと」関連ファッション・リスクと，「着こなし・使いこなし懸念」，「品質・性能懸念」を包含する「も

第5章 地域活性化のための効果的な情報発信行為の制約要因 | 115

の」関連ファッション・リスクという構造モデルを提案した。

　ところが，消費者の購買過程において，必ずしも前述した5つのタイプのリスクを同時かつ同じ強度で感じるわけではない。例えば，知覚リスクに対する消費者の個人属性の影響について，洋服の購入過程に伴う知覚リスクの種類とその程度は，性別と年齢層によって顕著な差異がみられる。ブハトナガーら（Bhatnagar et al.）は，洋服，食品，旅行，投資などの合計17種類の財とサービスの購買過程において知覚されたリスクの差異を検討し，性別によりリスクを感じる商品カテゴリーの差異と，年齢が高いほど知覚リスクの程度が低くなることを明らかにした。商品の購買ツールの影響について，電話注文によって購入した商品はほとんどの場合，知覚リスクの程度が比較的低い商品であることが確認された。店舗内の購買行為と比較すると，インターネットを介した購買過程に伴う知覚リスクは全般的に高い傾向にあると論じられている。観光土産のオンライン・リピート購買において，直営店では土産物店よりも知覚リスクが強く影響する要素が少ないため，知覚リスクが影響する要因は店舗形態により異なることが指摘されている。商品の流行性について，洋服のデザインの時間性とリスク知覚の相関関係を分析した結果，新商品の購入に関しては知覚リスクの程度が最も高くなる一方，流行性からの影響を受けないクラシックデザインを購入する際にはリスクの程度が最も低かったことを示している。要するに，リスクの知覚程度は消費者の個人属性，商品の購買ツール，商品の流行性，商品の種類と特性などの要因によって決定される。

## 2.2　知覚リスクの低減のための情報探索

　消費者の購買前の情報探索行為は，購買目的，情報探索の努力の程度，製品の差異などの要因によって影響される。近年では，知覚リスクの低減という視点から，消費者がなぜ情報探索を行うのか，どのような情報源を重視するのかといった情報探索の動機付けの問題が一般的に取り上げられている。

　知覚リスクを低減するための情報源の利用傾向について，鈴木（1994）は，ワープロ，かぜ薬，自動車，シャンプー，およびスーツの5つの商品の購買行

為に伴う知覚リスクと，その知覚リスクを低減するための各情報源（家族，テレビ番組，新聞記事，店員など）への情報探索度の関係を検討した。その結果，知覚リスクが消費者の情報探索度の重要な規定要因であることが確認されるとともに，社会的リスクを強く感じる場合，家族（$\beta = 0.124$）や友人・知人（$\beta = -0.038$）への情報探索よりも，テレビCM（$\beta = 0.259$，$p < 0.001$），新聞広告（$\beta = 0.238$，$p < 0.001$）などのマス・メディアを積極的に利用する傾向が顕著であることが示された。山口（2007）は，金融商品・サービスの購入過程において，知覚リスクを低減するための情報探索行為の特徴を検討し，特に情報源への重視度（有益性比率）の大小順について，営業の説明・アドバイス（72.8％）＞雑誌・専門誌の記事（63.2％）＞ホームページ・メルマガなど（52.7％）＞ネットの広告（20.6％）＞家族の意見（15.1％）＞友人・知人の意見（8.5％）となることを明らかにした。

　一方，知覚リスクの低減に対するクチコミの有効性を論じる研究もある。例えば，アーント（Arndt）は，知覚リスクの低減，特に新商品の初回購買に対するクチコミの有効性に言及している。ローセリアズ（Roselius）は，ブランド・ロイヤリティ（Brand Loyalty），店舗のイメージ（Store Image），返金保証（Money Back），クチコミ（Word of Mouth），および購買体験（Shopping）など，知覚リスクの低減に対する11種類の手段の有効性を検討し，友人からのクチコミ（商品の品質に関する評価）が購買に伴う知覚リスクの低減手段として有効であることを明らかにしている。また，ネット環境下の購買行為に伴う知覚リスクの低減に対して，準拠集団の推薦やポジティブなネット・クチコミが比較的有効であるとされている。

# 3 —— 財の特性と知覚リスク

　消費者行動とは，経済的財貨およびサービスの獲得や使用に直接関連する個人の行動と，それらの行動に先行し，行動を決定する一連の意思決定過程を含む。この定義において，消費の対象となる財が経済的財貨とサービスに区別さ

第5章　地域活性化のための効果的な情報発信行為の制約要因 ｜ 117

れるのは，従来の経済学の研究に基づく「財には財貨（Goods）とサービス（Services）の二種類がある。財貨とはリンゴや靴のような有形の財であり，サービスとは理髪のような無形の財である」[2]という典型的な定義に依拠しているためである。

　経済的財貨は経済的用途によって，有形財は生産財と消費財に大別される。さらに消費財は耐久期間によって，耐久財，半耐久財，非耐久財に分けられる。このように明確な分類基準に従うことで，経済的財貨への認識が深化してきた。また，サービス産業の発展に伴い，サービスの概念化とその分類基準について，特にマーケティング研究の領域で多くの研究者の関心が寄せられてきた。

　サービス業におけるマーケティングの必要性を論じた最初の研究としてはコンバース（Converse）が挙げられるが，実際にサービス・マーケティングの概念化とその必要性を唱え，研究成果が発表され始めたのは1960年代からである。1960年にAMA（American Marketing Association）は，サービスを「販売のために提供されるか，財貨の販売に関連して提供される行為，便益，および満足」と定義した。その後，AMAの1960年の定義がサービスの範囲を正確に表現していないと指摘され，財の所有権の移転という観点を加えて，サービスを「有形商品の所有権の移転以外を対象とした企業および企業家の市場取引」と定義した。この定義によると，サービスを考える際には，有形財と同様に取引時点での所有形態，すなわち所有権の移転に注目すべきであるとされる。

　1970年代に入ってから，サービスに関する議論の中心は，サービス業におけるマーケティングの必要性という観点から，サービスに共通する特徴を明らかにすることへと移行してきた。ゼーサムルら（Zeithaml et al.）は，当時のサービスの特徴に関する43本の関連論文を調査した結果，すべての論文が無形性（Intangibility）を共通して指摘している一方で，品質の変動性（Quality Variability），消費と生産の同時性（Inseparability），消滅性（Perishability）もサービス特有の特徴として多くの研究者に指摘されていることを明らかにした。以上のサービスの4つの特性，特に品質の変動性と消費と生産の同時性を

踏まえ，顧客がサービスを消費する過程で知覚するリスクを「サービス・コスト」と称し，サービス・コストは金銭的なコスト（サービスの直接の対価，その他の金銭的コスト）と非金銭的コスト（時間的コスト，身体的コスト，心理的コスト，感覚的コスト）により規定されることが指摘されている。本章において「有形財」を論じる場合，産業財ではなく一般の消費財を意味している。例えば，ネット上でよく購入される医療品，家電製品，および化粧品などがその例である。また，サービスを論じる場合，サービス業という産業構造全体を対象にするのではなく，直接市場で交換される一般的な無形の財という狭義の意味で扱いたい。例えば，ネットを通じて購入可能な観光ツアー，宿泊サービス，および航空券などが無形財の例として挙げられる。そこで，言葉の表現による意味の混同を避けるために，本章では「サービス」ではなく，有形財の対応語である「無形財」という用語を使用する。

　従来，無形財と有形財のそれぞれの実店舗での購入過程において，知覚リスクのタイプが異なり，しかも，無形財の購入には有形財より高いリスクが知覚されることが指摘されている。理由として，無形財の「無形性」や「生産と消費の同時性」などが知覚リスクの源泉となる。また，知覚されたリスクは消費者の情報探索行動の動機付けとなるだけでなく，新しいブランドへのスイッチを避けるためにクチコミ情報を参考にするなどの情報源選択の違いも生じさせる。例えば，財の特性が知覚リスクの程度に与える影響について，バトマン（Battman）は有形財（シャンプー，カップ麺など）と無形財（クリーニング店，海外旅行など）の購買行動に対する知覚リスクの説明力の差異を実証研究した。その結果，サービス製品において非常に高い知覚リスクが存在することが確認された。マーリーとスクラクター（Murray and Schlacter）は既存の有形財と無形財の知覚リスクに関する測定尺度を用い，財の有形性による知覚リスクの差異を検討した結果，金銭的リスクと機能的リスクを除いたほかのすべてのリスクに対して，無形財の購買の方がより強いリスクが感じられることを明らかにした。

　以上の指摘から，消費者は異なる製品を購入する際に，財の特性（有形性）

によって購買過程における知覚リスクの程度に違いが生じることが示されている。さらに，知覚リスクの程度が異なるため，それが消費者の情報探索行為に影響を与える要因となる。しかしながら，知覚リスクの視点からだけでは，ネット上の意思決定プロセスに対する財の有形性の調整効果を十分に解釈できるとは考えられない。

# 4 ── 財別による情報探索行為の差異

　本節では，筆者が行った実証研究の例を取り上げ，財の有形性に基づき，異なる財のネット上の購買行為における知覚リスクのタイプを確認し，情報探索行動に対する各リスクの作用強度の差異を説明する。知覚リスクのタイプに関する測定尺度について，まず，ネット上における有形財（洋服）の購買行為に伴うリスクのタイプの測定には，ジャコービーとキャプラン（Jacoby and Kaplan），神山，ダウリングとスタエリン（Dowling and Staelin），ガーバーリーノーとストラヒレビトズ（Garbarino and Strahilevitz）などの既存尺度の構成を参考にし，金銭的リスク，社会的リスク，機能的リスク，および感情的リスクのそれぞれについて4項目の7ポイント・リッカート尺度（まったく感じていない〜非常に感じている）を採用した。次に，ネット上での無形財（観光ツアー）の購入に関しては，現地の治安，文化の差異などの要因による旅行の安全性問題が客観的に存在することを考慮し，上記の尺度に加えて，健康的リスクの測定を追加した。

## 4.1　有形財を検証した結果

　本調査は2019年6月13日から2019年6月17日の約1週間にわたり実施し，洋服の購買行為について，総計347人分のデータを回収することができた。ネット・クチコミを検索に用いないと回答していた対象外のサンプルと，回答項目の欠落による欠損値が出るサンプルを取り除いた結果，有効回答数は316，有効回答率は91.07%となった。回収したデータにおけるデモ変数の記

| 図表 5 – 3 | デモ変数の記述統計量（洋服・一部） | | | | |
|---|---|---|---|---|---|
| 変数 | 項目 | 度数 | 比率（%） | 平均値 | 標準偏差 |
| 性別 | 男性 | 147 | 46.52 | 1.530 | 0.500 |
| | 女性 | 169 | 53.48 | | |
| 年齢 | 20代 | 143 | 45.25 | 29.90 | 6.694 |
| | 30代 | 145 | 45.89 | | |
| 学歴 | 大学未満 | 42 | 13.29 | 2.992 | 2.243 |
| | 大学 | 235 | 74.37 | | |
| 職業の安定性 | 定職者 | 251 | 79.43 | 1.338 | 0.701 |
| | 非定職者 | 23 | 7.278 | | |

出所：筆者作成。

述統計量は**図表 5 – 3** に要約されるとおりである。

　以上より，回収されたデータから，ネット上で洋服を購入する消費者は，男性（46.52%）よりも女性（53.48%）がやや多いことが示された。年齢層の構成については，主に20代（45.25%）と30代（45.89%）の若い層，いわゆる青年層に集中している。また，学歴としては大卒が多く（74.37%），かつ定職に就いている（79.43%）などの個人属性上の特徴があることが示された。

　消費者がネット上で洋服を購入する際に，知覚されたリスクのタイプを検討するために確認的因子分析を行った結果は，**図表 5 – 4** のとおりである。構成概念の収束妥当性（AVE：Average Variance Extracted）について，知覚されたリスクの各タイプ（金銭的リスク：0.655，社会的リスク：0.602，感情的リスク：0.526），情報探索行為（探索行為：0.577，クチコミに対する信頼：0.563）の構成項目はすべて 0.50 以上となり，十分な収束妥当性が確認された。機能的リスクの AVE（0.481）は 0.50 以上という既存基準を満たしていないが，標準化係数はすべて 0.45 以上となり，受容可能な収束妥当性があると考えられる。測定尺度の弁別妥当性について，因子間相関の平方（**図表 5 – 4** における太字の項目）よりもすべての構成概念の AVE が上回っているため，洋服を対象とする

第 5 章　地域活性化のための効果的な情報発信行為の制約要因　｜　121

図表 5 - 4　　確認的因子分析の結果（洋服）

| 洋服 (n＝316)「まったく感じていない～非常に感じている」 | 標準化係数 | 平均値 | 標準偏差 |
|---|---|---|---|
| F1 金銭的リスク（Financial Risk）：α＝0.881；AVE＝0.655；CR＝0.883 | | | |
| ・変更，キャンセルできず，金銭的な損失が生じる | 0.854 | 4.521 | 1.672 |
| ・もっと安く買えることで金銭的な損失が生じる | 0.688 | 4.763 | 1.430 |
| ・手数料がかかることで金銭的な損失が生じる | 0.839 | 4.288 | 1.727 |
| ・配送のトラブルで金銭的な損失が生じる | 0.845 | 4.593 | 1.610 |
| F2 社会的リスク（Social Risk）：α＝0.848；AVE＝0.602；CR＝0.855 | | | |
| ・周りの人のネガティブな評価を引き起こす恐れがある | 0.793 | 4.267 | 1.585 |
| ・周りの人から似合わないと言われる恐れがある | 0.863 | 4.301 | 1.678 |
| ・周りの人から批判的意見が出る恐れがある | 0.835 | 3.964 | 1.807 |
| ・周りの人と同じ洋服を買う恐れがある | 0.580 | 4.451 | 1.666 |
| F3 機能的リスク（Performance Risk）：α＝0.781；AVE＝0.481；CR＝0.786 | | | |
| ・サイズと色は販売者の説明と差異が出る恐れがある | 0.755 | 5.616 | 1.222 |
| ・質的な問題がある恐れがある | 0.756 | 5.681 | 1.141 |
| ・偽物である恐れがある | 0.653 | 5.422 | 1.311 |
| ・値段相応ではない恐れがある | 0.598 | 5.013 | 1.325 |
| F4 感情的リスク（Psychological Risk）：α＝0.816；AVE＝0.526；CR＝0.816 | | | |
| ・ネット購買のため，期待にそぐわない恐れがある | 0.760 | 5.267 | 1.292 |
| ・ネット購買のため，不安感が生じる恐れがある | 0.675 | 4.744 | 1.492 |
| ・ネット購買のため，相手に満足してもらえない恐れがある | 0.733 | 5.254 | 1.405 |
| ・ネット購買のため，将来の心残りになってしまう恐れがある | 0.730 | 5.148 | 1.436 |

| 因子間相関 | F1 | F2 | F3 | F4 |
|---|---|---|---|---|
| F1 | 1.000 | **0.106** | **0.155** | **0.130** |
| F2 | 0.326 | 1.000 | **0.108** | **0.075** |
| F3 | 0.398 | 0.328 | 1.000 | **0.343** |
| F4 | 0.361 | 0.274 | 0.586 | 1.000 |

出所：筆者作成。

測定尺度は，十分な弁別妥当性も有することが確認された。構成概念の信頼性指標としてのCR（Composite Reliability）とクロンバックの$\alpha$係数（Cronbach's $\alpha$）は0.75以上となり，洋服を対象とする測定尺度の各構成概念は高い信頼性を有することも示された。また，モデルの適合度指標は，$\chi^2(160) = 256.048$, p<.001, CFI = 0.961, GFI = 0.923, AGFI = 0.898, IFI = 0.958, RMSEA = 0.045であった。カイ二乗検定の結果は有意となり，CFI，GFI，IFIは多くの研究で推奨されている基準（>0.90）を満たし，RMSEAも0.05を下回っている。これに基づき，リスクのタイプの抽出に係る測定尺度の一次元性が確認された。

　消費者がネット上で洋服を購入する際に，知覚されたリスクの内容がどのように消費者の情報探索行為を制約するのか，情報探索行為，購買行為，およびクチコミに対する信頼などの要因間の因果関係を明らかにするために，共分散構造分析を用いた検証モデルのパラメータの推定結果については，**図表5-5**に整理されるとおりである。

　モデルの適合度指標は，$\chi^2(217) = 334.391$, p<0.001, CFI = 0.961（> 0.900），GFI = 0.916（> 0.900），AGFI = 0.894（< 0.900），RMSEA = 0.041（< 0.050）であった。既存基準を参考にすると，AGFI以外のCFI，GFI，RMSEAの値は概ね良好であり，カイ二乗検定の結果も有意であった。したがって，検証モ

| 図表5-5 | パラメータの推定結果（洋服） |
| --- | --- |

| パス | | | 標準化係数（$\beta$） |
| --- | --- | --- | --- |
| 金銭的リスク | →（情報探索行為） | 情報探索行為 | 0.078 |
| 社会的リスク | | | 0.098 |
| 機能的リスク | | | 0.248** |
| 感情的リスク | | | 0.309*** |
| 情報探索行為 | → | クチコミに対する信頼 | 0.246*** |
| 情報探索行為 | → | 購買行為 | 0.093 |
| クチコミに対する信頼 | → | 購買行為 | 0.264** |

（注）**，***はそれぞれ有意水準1％，0.1％で有意に差があることを示している。
出所：筆者作成。

デルの適合度が理想的であると判断できる。

　まず，消費者の情報探索行為に対する知覚されたリスクのタイプの規制効果について，金銭的リスク（$\beta = 0.078$，p $= 0.233$）と社会的リスク（$\beta = 0.098$，p $= 0.117$）から情報探索行為へのパスは有意水準を満たさなかった。一方，機能的リスクと感情的リスクは共に情報探索行為に対してプラスの影響を及ぼしており，機能的リスク（$\beta = 0.248$，p $= 0.006$）よりも感情的リスク（$\beta = 0.309$，p $= 0.000$）の方が消費者の情報探索行為に対する規定作用の強度が高いことが示された。したがって，ネット上で有形財を購入する時に，知覚されたリスクの各タイプが情報探索行為に与える影響の方向と強度には差異があることが部分的に支持された。次に，情報探索行為はクチコミに対する信頼にプラスの影響を与えることが確認された（$\beta = 0.246$，p $= 0.000$）。しかし，洋服を購入する場合，情報探索行為から購買行為へのパスは有意ではなかった（$\beta = 0.093$，p $= 0.211$）。したがって，ネット上で有形財を購入する時に，情報探索行為がクチコミに対する信頼にプラスの影響を与えることは支持された。

　最後に，クチコミに対する信頼から購買行為へのパスは 0.1% 水準で有意であり（$\beta = 0.264$，p $= 0.004$），消費者の購買行為に対してクチコミに対する信頼がプラスの影響を与えていることが確認された。これにより，ネット上で有形財を購入する際に，クチコミに対する信頼が消費者の購買行為にプラスの影響を与えることが明らかになった。

## 4.2　無形財を検証した結果

　本調査は 2019 年 6 月 13 日から 2019 年 6 月 17 日の約 1 週間にわたり実施し，観光ツアーの購買行為の測定について，総計 343 人分のデータを回収することができた。ネット・クチコミを検索に用いないと回答していた対象外のサンプルと，回答項目の欠落による欠損値が出るサンプルを取り除いた結果，有効回答数は 301，有効回答率は 87.76% となった。回収したデータにおけるデモ変数の記述統計量は**図表 5-6** に要約されるとおりである。

　ネット上で観光ツアーを購入する消費者は，男性（44.19%）より女性（55.81%）

| 図表 5-6 | デモ変数の記述統計量（観光ツアー・一部） | | | | |
|---|---|---|---|---|---|
| 変数 | 項目 | 度数 | 比率（%） | 平均値 | 標準偏差 |
| 性別 | 男性 | 133 | 44.19 | 1.560 | 0.497 |
| | 女性 | 168 | 55.81 | | |
| 年齢 | 20代 | 135 | 44.85 | 30.34 | 7.885 |
| | 30代 | 129 | 42.86 | | |
| 学歴 | 大学未満 | 50 | 16.61 | 2.920 | 0.608 |
| | 大学 | 221 | 73.42 | | |
| 職業の安定性 | 定職者 | 240 | 79.73 | 1.300 | 0.642 |
| | 非定職者 | 31 | 10.30 | | |

出所：筆者作成。

の方が多いことが示された。年齢層の構成については，洋服の購入行為と同じく，主に 20 代（44.85%）と 30 代（42.86%）の若い層，いわゆる青年層に集中している。また，学歴としては大卒が多く（73.42%），かつ定職に就いている（79.73%）などの個人属性上の特徴があることが示された。

　消費者がネット上で観光ツアーを購入する際に知覚されたリスクのタイプを検討するための確認的因子分析を行った結果は，**図表 5-7** に要約されるとおりである。知覚されたリスクの各タイプ（社会的リスク：0.567，感情的リスク：0.512，健康的リスク：0.563），情報探索行為（探索行為：0.586，クチコミに対する信頼：0.520）の構成項目はすべて 0.50 以上となり，十分な収束妥当性が確認された。金銭的リスク（0.482）と機能的リスク（0.464）の AVE は 0.50 以上という既存基準を満たしていないが，標準化係数はすべて 0.45 以上となり，受容可能な収束妥当性があると考えられる。測定尺度の弁別妥当性について，因子間相関の平方（**図表 5-7** における太字の項目）よりもすべての構成概念の AVE が上回っているため，観光ツアーを対象とする測定尺度も，十分な弁別妥当性を有することが確認された。構成概念の信頼性指標としての CR とクロンバック α 係数は，すべて 0.75 以上となり，観光ツアーを対象とする測定尺度の各

第 5 章　地域活性化のための効果的な情報発信行為の制約要因 | 125

**図表 5 − 7　確認的因子分析の結果（観光ツアー）**

| 観光ツアー（n ＝ 301）「まったく感じていない〜非常に感じている」 | 標準化係数 | 平均値 | 標準偏差 |
|---|---|---|---|
| F1 金銭的リスク（Financial Risk）：α ＝ 0.786；AVE ＝ 0.482；CR ＝ 0.787 | | | |
| ・変更，キャンセルできず，金銭的な損失が生じる | 0.725 | 4.872 | 1.452 |
| ・もっと安く買えることで金銭的な損失が生じる | 0.653 | 4.951 | 1.481 |
| ・手数料がかかることで金銭的な損失が生じる | 0.662 | 4.784 | 1.616 |
| ・予想できないトラブルが起こることで金銭的な損失が生じる | 0.732 | 5.010 | 1.485 |
| F2 社会的リスク（Social Risk）：α ＝ 0.833；AVE ＝ 0.567；CR ＝ 0.838 | | | |
| ・周りの人のネガティブな評価を引き起こす恐れがある | 0.783 | 4.216 | 1.542 |
| ・周りの人から似合わないと言われる恐れがある | 0.874 | 4.171 | 1.579 |
| ・季節と行程について周りの人から批判的意見が出る恐れがある | 0.648 | 4.267 | 1.489 |
| ・同行の人を満足させない恐れがある | 0.685 | 4.414 | 1.609 |
| F3 機能的リスク（Performance Risk）：α ＝ 0.774；AVE ＝ 0.464；CR ＝ 0.776 | | | |
| ・旅行サービスは販売者の説明と差異が出る恐れがある | 0.646 | 5.364 | 1.344 |
| ・正規旅行代理店が提供する商品ではない恐れがある | 0.723 | 5.135 | 1.443 |
| ・行程どおり行わない恐れがある | 0.691 | 5.381 | 1.443 |
| ・値段相応ではない恐れがある | 0.655 | 5.207 | 1.393 |
| F4 感情的リスク（Psychological Risk）：α ＝ 0.805；AVE ＝ 0.512；CR ＝ 0.807 | | | |
| ・ネット購買のため，期待にそぐわない恐れがある | 0.733 | 4.955 | 1.437 |
| ・ネット購買のため，不安感が生じる恐れがある | 0.652 | 4.636 | 1.574 |
| ・ネット購買のため，相手に満足してもらえない恐れがある | 0.741 | 4.862 | 1.499 |
| ・ネット購買のため，将来の心残りになってしまう恐れがある | 0.732 | 5.037 | 1.601 |
| F5 健康的リスク（Physical Risk）：α ＝ 0.836；AVE ＝ 0.563；CR ＝ 0.837 | | | |
| ・旅行先の治安により，身体に害を被る恐れがある | 0.772 | 4.562 | 1.695 |
| ・トラブルに巻き込まれることで，身体に害を被る恐れがある | 0.780 | 4.511 | 1.614 |
| ・旅行先の習慣を考慮しない行為で身体に害を被る恐れがある | 0.686 | 4.454 | 1.678 |
| ・提供されるサービスの不備により，身体に害を被る恐れがある | 0.760 | 4.683 | 1.516 |

| 因子間相関 | F1 | F2 | F3 | F4 | F5 |
|---|---|---|---|---|---|
| F1 | 1.000 | **0.211** | **0.466** | **0.347** | **0.197** |
| F2 | 0.459 | 1.000 | **0.197** | **0.272** | **0.186** |
| F3 | 0.683 | 0.444 | 1.000 | **0.462** | **0.305** |
| F4 | 0.589 | 0.522 | 0.680 | 1.000 | **0.365** |
| F5 | 0.444 | 0.431 | 0.552 | 0.604 | 1.000 |

出所：筆者作成。

構成概念は高い信頼性を有することも示された。また，モデルの適合度指標は，$\chi^2(98) = 181.869$，$p < 0.001$，CFI $= 0.963$，GFI $= 0.933$，AGFI $= 0.907$，IFI $= 0.961$，RMSEA $= 0.052$ であった。RMSEA は $0.05$ を上回ったが，カイ二乗検定の結果は有意となり，CFI，GFI，IFI は多くの研究で推奨されている基準（$> 0.90$）を満たしているため，観光ツアーを対象とするリスクのタイプの抽出に係る測定尺度は受容可能な水準であると判断された。

消費者がネット上で観光ツアーを購入する際に知覚されたリスクの内容がどのように消費者の情報探索行為を制約するのか，情報探索行為，購買行為，およびクチコミに対する信頼などの要因間の因果関係を明らかにするために共分散構造分析を用いた検証モデルのパラメータの推定結果は，**図表5-8** に整理されるとおりである。

まず，消費者の情報探索行為に対する知覚されたリスクのタイプの規制効果について，金銭的リスク（$\beta = 0.180$，$p = 0.187$），感情的リスク（$\beta = 0.043$，$p = 0.757$），および健康的リスク（$\beta = -0.069$，$p = 0.506$）から情報探索行為へのパスは有意水準を満たさなかった。一方，社会的リスクはマイナスの影響（$\beta = -0.256$，$p = 0.004$），機能的リスクはプラスの影響（$\beta = 0.333$，$p = 0.039$）を消費

**図表5-8** **パラメータの推定結果（観光ツアー）**

| パス | | | 標準化係数（$\beta$） |
|---|---|---|---|
| 金銭的リスク | | | 0.180 |
| 社会的リスク | | | $-0.256^{**}$ |
| 機能的リスク | → | 情報探索行為 | $0.333^{**}$ |
| 感情的リスク | | | 0.043 |
| 健康的リスク | | | $-0.069$ |
| 情報探索行為 | → | クチコミに対する信頼 | $0.416^{***}$ |
| 情報探索行為 | → | 購買行為 | $0.239^{**}$ |
| クチコミに対する信頼 | → | 購買行為 | $0.232^{**}$ |

（注）$**$，$***$ はそれぞれ有意水準 1％，0.1％ で有意に差があることを示している。
出所：筆者作成。

者の情報探索行為に与えている。したがって，ネット上で無形財を購入する時に，知覚されたリスクの各タイプが情報探索行為に影響を与える方向と強度について差異があることは部分的に支持された。次に，洋服を購入する場合とは異なり，消費者がネット上で観光ツアーを購入する際には，情報探索行為がクチコミに対する信頼（$\beta = 0.416$，$p = 0.000$）と購買行為（$\beta = 0.239$，$p = 0.002$）にプラスの影響を与えていることが確認された。したがって，ネット上で無形財を購入する時には，情報探索行為がクチコミに対する信頼にプラスの影響を与え，さらに，消費者の購買行為にもプラスの影響を与えることが支持された。最後に，クチコミに対する信頼から購買行為へのパスは 0.1％ 水準で有意であった（$\beta = 0.232$，$p = 0.005$）。消費者の購買行為に対して，クチコミに対する信頼がプラスの影響を与えていることも確認された。

## 4.3　実証研究のまとめ

本節では，ネット上において，洋服と観光ツアーを対象とする情報探索行為の差異を比較するため，それぞれの検証モデルの推定結果を**図表5-9**のよう

**図表5-9　財別による情報探索行為の差異**

| パス | | | 標準化係数（$\beta$） | |
|---|---|---|---|---|
| | | | 洋服 | 観光ツアー |
| 金銭的リスク | | | 0.078 | 0.180 |
| 社会的リスク | | | 0.008 | 0.250** |
| 機能的リスク | → | 情報探索行為 | 0.248** | 0.333** |
| 感情的リスク | | | 0.309*** | 0.043 |
| 健康的リスク | | | ― | −0.069 |
| 情報探索行為 | → | クチコミに対する信頼 | 0.246*** | 0.416*** |
| 情報探索行為 | → | 購買行為 | 0.093 | 0.239** |
| クチコミに対する信頼 | → | 購買行為 | 0.264*** | 0.232** |

（注）**，***はそれぞれ有意水準 1％，0.1％ で有意に差があることを示している。
出所：筆者作成。

に整理した。

　実証部分における確認的因子分析の結果（**図表5-4**および**図表5-7**）によると，洋服や観光ツアーといった異なる製品を対象とするネット上の購買行為において，消費者は既存研究が指摘したリスクのタイプと内容を実感していることが確認された。つまり，ネット上の購買行為に伴うリスクのタイプとその内容は，財の種類に関連しないことが改めて示された。具体的には，洋服の購買過程に伴うリスクは，金銭的リスク，社会的リスク，機能的リスク，感情的リスクに分類されることが示された。また，ネット上で観光ツアーを購入する場合には，これらのリスクに加えて健康的リスクも消費者に実感されることが確認された。

　しかしながら，財別によって消費者の情報探索行為に対する知覚された各リスクの制約程度とその作用方向について（**図表5-9**）も異なることが明らかになった。例えば，洋服の情報探索行為には，機能的リスク（$\beta = 0.248$）と感情的リスク（$\beta = 0.309$）が有意かつ異なる程度のプラスの影響を与える。一方，観光ツアーの場合，影響を与えるリスクのタイプは社会的リスク（$\beta = -0.256$）と機能的リスク（$\beta = 0.333$）に限られ，社会的リスクの知覚が消費者の情報探索行為を抑制することが示された。この点に関して，キャプラン，スジビローとジャコービー（Kaplan, Szybillo and Jacoby），リム（Lim）の指摘通り，消費者はすべての商品カテゴリーにおいて，必ずしも金銭的リスク，社会的リスク，機能的リスク，感情的リスク，健康的リスクの5つのタイプのリスクを同時かつ同じ強度で知覚しているわけではないことが確認された。リスクの知覚における差異は，田中，安の指摘を踏まえて，洋服と観光ツアーのネット上の情報探索行為の差異に基づいて比較することで捉えられる。

　さらに，財別の情報探索行為，クチコミに対する信頼，および購買行為という3つの潜在変数間の相互作用についても検討した。観光ツアーを対象とする場合，情報探索行為からクチコミに対する信頼（$\beta = 0.416$），情報探索行為から購買行為（$\beta = 0.239$），およびクチコミに対する信頼から購買行為（$\beta = 0.232$）へのプラスの作用効果が確認された。一方，洋服の場合，情報探索行為

第5章　地域活性化のための効果的な情報発信行為の制約要因 | 129

からクチコミに対する信頼（$\beta = 0.246$）とクチコミから購買行為（$\beta = 0.264$）
へのプラスの作用効果が確認されたが，情報探索行為から購買行為への有意な
影響は認められなかった。特に，観光ツアーにおける社会的リスクが情報探索
行為に与える影響については，消費者が社会的リスクを強く知覚するほど，
ネット上でのクチコミを検索しない傾向が示された。社会的リスクは消費者の
日常生活に密接に関連し，購買選択の失敗が高いコストを伴うため，情報源の
信頼性が厳しく問われる。この結果，消費者は信憑性の低いネット上のクチコ
ミを避ける傾向が強くなると考えられる。

　最後に，財の有形性の調整効果を確認した結果，ネット通販において，財の
有形性によって情報探索行為，クチコミに対する信頼，および購買行為の間の
作用効果に差異が生じることが確認された。特に，観光ツアーにおける情報探
索行為がクチコミに与える信頼の作用強度（$\beta = 0.416$）は，洋服（$\beta = 0.246$）
のほぼ2倍に達している。この理由として，無形財に関するネット上の評価情
報の多様性や，無形財の質に関する感知の敏感性，旅行に関するクチコミや価
格比較のブログ情報を提供するウェブサイトの無料情報サービスなどが挙げら
れる。

　以上の検証結果を踏まえ，理論的含意として以下の点がまとめられる。第一
に，消費者の購買過程におけるリスクの知覚は，販売チャネルとは無関係であ
り，オフラインでもオンラインでも同じリスクを感知していることが示され
た。第二に，知覚されたリスクのタイプによって，消費者の情報探索行為に影
響を与えるリスクのタイプが存在することが示された。ネット上の購買過程に
おいて，リスクを知覚することが必ずしもネット・クチコミの探索行為の誘因
になるわけではないことも示された。第三に，洋服を対象とする情報探索行為
に正の影響を与えるのは機能的リスクと感情的リスクである一方，観光ツアー
の場合では機能的リスクと社会的リスクが影響を与えることが確認された。第
四に，ネット上の情報探索行為，クチコミに対する信頼，およびクチコミに対
する信頼と購買行為の間には因果関係があることが示された。特に，観光ツ
アーを購入する場合，情報探索行為が積極的であるほど購買行為の可能性が高

まる一方，洋服では情報探索行為と購買行為の間に有意な因果関係がないことが示された。

# 5 —— 地域活性化のための効果的な情報発信行為

　地域活性化は，地域経済の振興，住民の生活の質の向上，および地域の持続可能な発展を目的とした一連の取り組みである。この文脈で，効果的な情報発信は極めて重要な役割を果たす。特に，インターネットやSNSの普及により，地域の魅力を広範な受け手に届ける手段が多様化している。しかし，効果的な情報発信にはいくつかの制約要因が存在する。本章では，消費者の知覚されたリスク，情報探索行為，財の有形性などの視点から，地域活性化における効果的な情報発信の制約要因を明らかにすることを試みた。

　消費者がオンラインで購買行為を行う際に知覚するリスクは，情報探索行為に大きな影響を与える。バワー（Bauer）は最初に知覚リスクの概念を提唱し，消費者が購入時に直面する不確実性とそれに伴う負の結果を強調した。ネット上での購買行為に伴うリスクには，金銭的リスク，社会的リスク，機能的リスク，感情的リスク，健康的リスクなどがある。これらのリスクは，地域の観光資源をアピールする際にも同様に影響する。

　ジャコビーとキャプラン（Jacoby and Kaplan）の指摘によれば，観光ツアーの購入時には社会的リスクや健康的リスクが特に強く知覚されることが多い。地域の観光地における安全性，治安，医療体制などに関する情報が不十分であれば，消費者は健康的リスクや社会的リスクを強く感じ，情報探索行為を抑制される可能性がある。これに対し，地域活性化のためには，これらのリスクを軽減するための詳細な情報提供が不可欠である。具体的には，地域の安全対策，医療施設の充実度，観光中の緊急対応策などを明確に発信することで，消費者の不安を和らげ，情報探索行為を促進することができる。

　また，本章の結論の1つとして，財の有形性が情報探索行為に与える影響を無視してはいけない。ネルソン（Nelson）は，経験財と探索財の区別を導入

し，経験財は消費後に評価される特性を持つため，クチコミやレビューが重要となることを示した。無形財である観光ツアーと，有形財である洋服とでは，消費者が情報を探索する際の動機や行動が異なる。観光ツアーの場合，情報探索行為がクチコミに対する信頼に大きな影響を与える。サービスの質に関する評価情報が多様であり，消費者がその情報に基づいて意思決定を行う。一方で，有形財の場合，情報探索行為が直接的に購買行為に繋がることは少なく，むしろ商品の詳細なスペックや価格などの具体的な情報が重要となる。この点は，地域の特産品や手工芸品などをアピールする際にも同様であり，詳細な商品情報や製造過程の紹介を行うことで，消費者の関心を引きつけることができる。したがって，無形財をアピールする際には，クチコミやレビューの活用が重要である。一方，有形財の場合は，詳細な商品情報の提供が重視される。

消費者の購買過程におけるリスク知覚は，オンラインとオフラインの両方にも存在し，販売チャネルに関係なく同じリスクを感知している。したがって，地域活性化のための効果的な情報発信行為には，オンラインとオフラインの両方でリスク対応策を講じる必要がある。消費者の知覚リスクを軽減し，情報探索行為を促進するための戦略が不可欠である。財の有形性に応じた情報提供，クチコミやレビューの活用，詳細なリスク対応情報の提供など，多様な手法を駆使して，地域の魅力を広く伝えることが求められる。これにより，地域の経済振興や住民の生活の質の向上に繋がり，持続可能な地域発展が実現することが考えられるだろう。

## 【注】

1 ）Hennig-Thurau et al., (2004)，p. 39 による。
2 ）『経済学大事典Ⅰ』（1980）の定義を参照。

## 参考文献

安常希（2012）「インターネットショッピングにおけるファッション消費者の購買態度形成に関する研究：－日韓比較を中心に－」『繊維製品消費科学』53 (12)，1024-1031。

神山進（1997）『消費者の心理と行動－リスク知覚とマーケティング対応－』中央経済社，85-92。

神山進・高木修（1993）「知覚されたファッション・リスクにもとづく商品分類の提案－男子の衣料品／お洒落用品について－」『繊維製品消費科学』34 (10)，548-560。

菊盛真衣（2015）「消費者の情報取得・製品評価行動におけるeクチコミの影響」慶応義塾大学，博士論文（商学）。

鈴木万希枝（1994）「消費者の情報探索に及ぼす知覚されたリスクの影響」『社会心理学研究』9 (3)，195-205。

蘇文（2015）「ネット・クチコミが消費者行動に及ぼす影響のメカニズム：中国の旅行サービスに関する実証的研究」Hokkaido University（北海道大学）提出博士論文（国際広報メディア）。

田中祥司（2011）「知覚リスクの構造と緩和策：旅行商品購買を中心に」『経営戦略研究』(5)，139-152。

濱岡豊・里村卓也（2009）『消費者間の相互作用についての基礎研究：クチコミ，eクチコミを中心に』慶應義塾大学出版会。

山口隆久（2007）「金融商品・サービスの購入における消費者行動：知覚リスクと情報探索行動」『日本経営診断学会論集』7 (0)，270-281。


Arndt, J. (1967). "Role of product-related conversations in the diffusion of a new product". *Journal of marketing research, 4* (3), 291-295.

Bauer, R. A. (1960). "Consumer behavior as risk taking". In R. S. Hancock (Ed.), *Dynamic marketing for a changing world*, 389-398. Chicago, IL: American Marketing Association.

Bettman, J. R. (1973). "Perceived risk and its components: A model and empirical test". *Journal of marketing research, 10* (2), 184-190.

Bhatnagar, A., Misra, S., & Rao, H. R. (2000). "On risk, convenience, and Internet shopping behavior". *Communications of the ACM, 43* (11), 98-105.

Converse, P. D. (1932). *Suggested Solutions to Problems in the Elements of Marketing.* Prentice-Hall, Incorporated.

第 5 章　地域活性化のための効果的な情報発信行為の制約要因　│　133

Dowling, G. R., & Staelin, R. (1994). "A model of perceived risk and intended risk-handling activity". *Journal of consumer research, 21* (1), 119-134.

Garbarino, E., & Strahilevitz, M. (2004). "Gender differences in the perceived risk of buying online and the effects of receiving a site recommendation". *Journal of business research, 57* (7), 768-775.

Hennig-Thurau, T., Gwinner, K. P., Walsh, G., & Gremler, D. D. (2004). "Electronic word-of-mouth via consumer-opinion platforms: What motivates consumers to articulate themselves on the internet?" *Journal of interactive marketing, 18* (1), 38-52.

Jacoby, J., & Kaplan, L. B. (1972). "The components of perceived risk". *Association for consumer research, 3* (3), 382-383.

Kaplan, L. B., Szybillo, G. J., & Jacoby, J. (1974). "Components of perceived risk in product purchase: A cross-validation". *Journal of applied psychology, 59* (3), 287-291.

Katz, E., & Lazarsfeld, P. F. (1955). *Personal Influence: The Part Played by People in the Flow of Mass Communications*, Free Press, 334. (竹内郁郎訳『パーソナル・インフルエンス』培風館, 1965, 340.)

Lim, N. (2003). "Consumers' perceived risk: sources versus consequences". *Electronic commerce research and applications, 2* (3), 216-228.

Liu, Y. (2006). "Word of mouth for movies: Its dynamics and impact on box office revenue". *Journal of marketing, 70* (3), 74-89.

Murray, K. B. (1991). "A test of services marketing theory: Consumer information acquisition activities". *Journal of Marketing, 55* (1), 10-25.

Murray, K. B., & Schlacter, J. L. (1990). "The impact of services versus goods on consumers' assessment of perceived risk and variability". *Journal of the academy of marketing science, 18* (1), 51-65.

Nelson, P. (1970). "Information and consumer behavior". *Journal of Political Economy, 78* (2), 311-329.

Roselius, T. (1971). "Consumer rankings of risk reduction methods". *Journal of marketing, 35* (1), 56-61.

Zeithaml, V. A., Parasuraman, A., & Berry, L. L. (1985). "Problems and strategies in services marketing". *Journal of marketing, 49* (2), 33-46.

第 6 章

# 郵政事業の政府規制と民営化

## 1 —— 郵政事業の概要と新展開

### 1.1　郵政民営化と「日本郵政グループ」の誕生

　郵政事業は明治4年（1871年），前島密により郵便制度が創設され，明治8年（1875年）に郵便貯金事業，明治39年（1906年）に簡易保険事業が創業され，すでに郵政事業が始まって150年の節目を迎えた。

　その間，郵政事業の事業主体は，逓信省から郵政省，総務省の外局としての郵政事業庁，郵政公社と移り変わり，平成18年1月に日本郵政株式会社（以下，「日本郵政」という）となった。日本郵政は，郵政民営化法および日本郵政株式会社法に基づき，郵便事業株式会社および郵便局株式会社の発行株式の総数を保有し，経営管理および業務の支援を行うことを目的とする株式会社として設立された。その後，平成18年9月には，日本郵政の全額出資により，株式会社ゆうちょ（現　株式会社ゆうちょ銀行）および，株式会社かんぽ（現　株式会社かんぽ生命）が設立された。

　平成19年10月，郵政民営化（郵政民営化関連6法の施行）に伴い日本郵政公社が解散すると，その業務その他の機能並びに権利及び義務は，5つの承継会社（日本郵政株式会社，郵便事業株式会社，郵便局株式会社，株式会社ゆうちょ銀行および株式会社かんぽ生命），郵便貯金および簡易生命保険の適正かつ確実な管理等を行う独立行政法人郵便貯金・簡易生命保険管理機構に引き継がれた。これにより，日本郵政を持株会社とし，郵便事業株式会社，郵便局株式会社，

株式会社ゆうちょ銀行および株式会社かんぽ生命を中心とした日本郵政グループが発足した。

郵政民営化（平成19年10月1日）後，約4年半が経過した平成24年4月に「郵政民営化法等の一部を改正する等の法律案」が成立し，同年5月に公布された。これにより，郵便事業株式会社と郵便局株式会社は，郵便局株式会社を存続会社として合併し，社名を日本郵便株式会社に変更したことにより，日本郵政グループは5社体制から4社体制へと再編された。

また，同時にユニバーサルサービス（郵便の役務，簡易な貯蓄，送金及び債券債務の決済の役務，並びに簡易に利用できる生命保険の役務を利用者本位の簡便な方法により郵便局で一体的かつ将来にわたりあまねく全国において公平に利用できるようにすること）の範囲が拡充され，これまでの郵便サービスのみならず，貯金，保険の基本的なサービスを郵便局で一体的に利用できる仕組みが確保されるようになった。

日本郵政が保有する株式会社ゆうちょ銀行および株式会社かんぽ生命（以下，「金融2社」という）の株式は，その全部を処分することを目指し，金融2社の経営状況，ユニバーサルサービス確保の責務の履行への影響を勘案しつつ，できる限り早期に処分することとされている。

なお，政府が保有する日本郵政の株式については，政府は，平成23年11月に成立した「東日本大震災からの復興のための施策を実施するために必要な財源の確保に関する特別措置法」により，復興債の償還費用の財源を確保するため，日本郵政の経営状況，収益の見通しその他の事情を勘案しつつ処分の在り方を検討し，その結果に基づいて，できる限り早期に処分することとされている。

この法律上の要請に加え，金融2社の株式についても，金融2社の経営の自由度確保のため早期の処分が必要であること，また，金融2社の株式価値を日本郵政の株式価格に透明性を持って反映させることといった観点を総合的に勘案され，日本郵政および金融2社の上場はいずれも遅らせることなく，同時に行うことが最も望ましいとも判断され，政府による日本郵政の株式の売出し・

第6章　郵政事業の政府規制と民営化 ｜ 137

上場に合わせ，金融2社についても，同時に売出し・上場を行うこととし，平成27年11月4日，日本郵政および金融2社は東京証券取引所市場第一部に同時上場した。

## 1.2 「日本郵政グループ」の概要（業務）について

　日本郵政グループは，日本郵政，日本郵便株式会社，株式会社ゆうちょ銀行および株式会社かんぽ生命を中心に構成され，①「郵便・物流事業」，②「郵便局窓口事業」，③「国際物流事業」，④「銀行業」，⑤「生命保険業」等の事業を営んでいる。また，これらに含まれていない⑥「その他の事業」も営んでいる。

　①の「郵便・物流事業」としては，

　（a）郵便事業

- 郵便サービスを全国一律の料金であまねく公平に提供し，国内郵便に加え，万国郵便条約などの条約・国際取り決めに基づく国際郵便（通常・小包・EMS）の提供
- お客様の郵便発送業務一括アウトソーシングのニーズに応えるため，郵便物などの企画・作成（印刷）から封入・封かん，発送までをワンストップで請け負うトータルサービスの提供
- 国からの委託による印紙の売りさばき，お年玉付郵便葉書の発行等の業務

　（b）物流事業

- 宅配便（ゆうパック等）およびメール便（ゆうメール等）の運送業務
- eコマース市場の成長に伴う多様な顧客ニーズに的確に応えたサービスの提供
- 多様化・高度化する物流ニーズに対して，お客様に最適な物流戦略，物流システムの設計，提案，構築から運用までを行う3PL（サードパーティーロジスティクス）サービスの提供
- 増大する日本と中国などアジアを中心とした物流ニーズに対応するた

め，総合的な物流ソリューションの提供
- eコマースを中心とした小口荷物の国際宅配需要を獲得するため，資本・業務提携した海外物流パートナーである，仏 GeoPost S. A. および香港 Lenton Group Limited との間で開発した国際宅配便サービスである「ゆうグローバルエクスプレス」により国際郵便で提供できない付加価値サービスの提供

(c) その他
- カタログ等に掲載されている商品もしくは権利の販売または役務の提供に係わる申込みの受け付け，商品代金の回収等の業務
- 地方公共団体からの委託を受けて高齢者等への生活状況の確認，日用品の注文・図書の貸出の受付，廃棄物の不法投棄の見回り，また，外務員を活用した生活用品等の注文内容を記載した郵便物の集荷およびゆうパック等による注文品の配達，小学生等からの励ましのメッセージを記載した郵便物の定期的な配達，郵便物またはゆうパック等の配達時における励ましの声かけ等の業務（いわゆる「ひまわりサービス」）
- 郵便等を利用した広告媒体を開発し，クライアントからの広告プロモーションを受注する広告業務を実施するとともに，広告プロモーションの改善等に係わるコンサルティング等の業務

である。これらの「郵便・物流事業」は，日本郵政グループの関係会社である①日本郵便，②日本郵便輸送株式会社，③日本郵便メンテナンス株式会社，④株式会社 JP 楽天ロジサービス，⑤ JP ビズメール株式会社，⑥株式会社 JP メディアダイレクト，⑦東京米油株式会社，により提供されている。

②の「郵便局窓口事業」としては，
(a) 郵便・物流事業に係わる窓口業務
- 郵便物の引受け・交付，郵便切手類の販売，ゆうパック等物流サービスの引受け，印紙の売りさばき等の業務

（b）銀行窓口業務等

- ゆうちょ銀行から委託を受け，通常貯金，定額貯金，定期貯金，送金・決済サービスの取扱いの業務
- 国債や投資信託の窓口販売などの業務

（c）保険窓口業務等

- かんぽ生命保険から委託を受け，生命保険の募集や保険金の支払いなどの業務

（d）物販事業

- カタログ等を利用して行う商品または権利の販売ならびに商品の販売または役務の提供に係わる契約の取次および当該契約に係わる代金回収を行う業務等として，生産地特選販売，年賀状印刷サービス，フレーム切手販売，文房具等の郵便等関連商品の陳列販売等を行うとともに，窓口，渉外社員による販売に加え，インターネットおよびDMによる販売の業務

（e）不動産業務

- 郵政民営化に伴い公社から継承した不動産を基に高度商業地域に位置する旧東京中央郵便局敷地（現：JPタワー）などを開発し，事務所・商業施設・住宅等の賃貸・管理事業のほか，賃貸用建物の運営管理業務および分譲事業等の不動産事業の業務

（f）提携金融サービス

- かんぽ生命保険以外の生命保険会社や損害保険会社などから委託を受け，変額年金保険，法人（経営者）向け生命保険，がん保険，引受条件緩和型医療保険，自動車保険等の販売業務

（g）その他の事業

- 地方公共団体の委託を受けて行う戸籍謄本や住民票の写し等の公的証明の交付事業，ごみ処理券等の販売，バス利用券等の交付事務
- 当せん金付証票（宝くじ）の販売等の事務に係わる業務
- 日本放送協会からの委託を受けて行う放送受信契約の締結・変更に関

する業務

- 郵便局等の店舗スペース等の活用，窓口ロビーへのパンフレット掲出等の広告業務
- 会員向け生活支援サービス業務（郵便局のみまもりサービス）

である。これらの「郵便局窓口事業」は，日本郵政グループの関係会社である①日本郵便，②株式会社郵便局物販サービス，③JPコミュニケーション株式会社，④日本郵便オフィスサポート株式会社，⑤日本郵政インフォメーションテクノロジー株式会社，⑥JP損保サービス株式会社，⑦JPシステム開発株式会社，⑧株式会社ゆうゆうギフト，⑨JP東京特選会株式会社，⑩セゾン投信株式会社，⑪株式会社ジェイエイフーズおおいた，⑫リンベル株式会社，により提供されている。


③の「国際物流事業」としては，

- Toll Holdings Limited（以下「トール社」という）および同社傘下の子会社において，オーストラリア，ニュージーランド国内等におけるエクスプレス輸送と貨物輸送，アジアからの輸出を中心としたフルラインでの国際的貨物輸送およびアジア太平洋地域における3PLプロバイダーとしての輸送・倉庫管理や資源・政府分野の物流等のサービスについての業務
- トール社および同社傘下の子会社は，①グローバルエクスプレス，②グローバルフォード，③グローバルロジスティクス，の3部門で構成されており，不特定の顧客や小さな契約ベースの顧客を対象としたエクスプレス事業とフォワーディング事業，特定顧客のニーズを満たすために構築したロジスティクス事業の提供業務

である。これら「国際物流事業」は，日本郵政グループの関係会社であるToll Holdings Limitedおよび同社傘下の連結子会社180社と，Toll Holdings Limited傘下の関連会社8社，により提供されている。

④の「銀行業」としては，

- ゆうちょ銀行が，銀行法に基づき，預入限度額内での預金（貯金）業務，シンジケートローン等の貸出業務，有価証券投資業務，為替業務，国債，投資信託および保険商品の窓口販売，住宅ローン等の媒介業務，クレジットカード業務などの業務
- 日本郵便の郵便局ネットワークをメインチャネルに，お客様に生活・資産形成に貢献する金融サービスを提供し，お預かりした貯金を有価証券で運用することを主な事業としている
- ゆうちょ銀行およびその関係会社は，銀行業務のほか，金融商品取引業務などを行っている

（a）資金運用

- ゆうちょ銀行は，2023 年 3 月末現在，個人預金が 90% 超を占める 194.9 兆円の貯金を，主として有価証券 132.7 兆円（内，国債 38.1 兆円，その他の証券 78.3 兆円）で運用し，資金運用収益を中心に収益の確保を図っている
- 具体的には，想定した市場環境のもと，負債の状況等を踏まえて国債等の運用資産・運用期間を適切に管理するとともに，収益源泉の多様化・リスク分散の観点から，国際分散投資の推進，オルタナティブ資産への投資など運用の高度化・多様化を図っているほか，地域経済活性化にも貢献すべく，従来からの地方公共団体向け資金供給の強化に加え，地域金融機関と連携し，地域活性化ファンドへの出資等に取り組んでいる
- 金融資産および金融負債は，市場リスク（金利，為替，株式などのさまざまな市場リスク・ファクターの変動により，資産・負債の価値が変動し損失を被るリスク，資産・負債から生み出される収益が変動し損失を被るリスク）や信用リスク（信用供与先の財務状況の悪化等により，資産の価値が減少ないし消失し，損失を被るリスク）を伴うものであるため，デリバティブ取引等で一定のリスクをヘッジしつつ，安定的な収益確保

に努めている

(b) 資金調達，資産・負債総合管理

- ゆうちょ銀行は，本支店その他の営業所，日本郵便が展開している郵便局ネットワークを通じて，お客様から通常貯金，定額・定期貯金などの各種の貯金を預入限度額内でお預かりしている
- 管理機構が，公社から承継した郵便貯金に相当する預り金を，特別貯金として受け入れている
- 資金運用（資産）と市場取引も含めた資金調達（負債）について，金利リスクや流動性リスク（運用・調達期間の差異や資金流出により，必要な資金調達や通常の金利での資金調達が困難になるリスク）をマネージしつつ，国債運用等で安定的収益の確保を図る「ベース・ポートフォリオ」と国際分散投資等を拡大し主に信用・市場リスクを取って収益の積上げを追求する「サテライト・ポートフォリオ」の枠組みのもとで，資産・負債を総合的に内部管理する ALM（Asset Liability Management）を適切に展開し，中期的な安定的収益の確保に努めている
- 平成 30 年度からは，運用の高度化・多様化が進み，サテライト・ポートフォリオの残高が相応に積み上がったことを契機に，これまでのベース・ポートフォリオとサテライト・ポートフォリオという管理の枠組みをポートフォリオの特性に合わせ，7 つのポートフォリオに細分化して管理する枠組みに移行している

(c) 手数料ビジネス

- ゆうちょ銀行は，本支店その他の営業所（直営店）・日本郵便の郵便局ネットワークを通じて，為替業務，国債・投資信託等の資産運用商品の販売，クレジットカード業務，住宅ローン等の媒介業務および各金融機関と連携した ATM 提携サービスなどを提供し，手数料（役務取引等）収益を確保している

である。これら「銀行業」は，日本郵政グループの関係会社である①ゆうちょ

銀行，②JP インベストメント株式会社および同社傘下の連結子会社 7 社，③ JP 投信株式会社，④ゆうちょローンセンター株式会社，⑤日本 ATM ビジネスサービス株式会社，により提供されている。

⑤の「生命保険業」としては
- かんぽ生命保険が，保険業法に基づく免許・認可を得て，生命保険の引受けおよび有価証券投資，貸付等の資産運用業務を行っている
- 日本郵便との間で生命保険募集・契約維持管理業務委託契約を締結し，2023 年 3 月 31 日現在，20,107 局の郵便局で生命保険募集等を行っている

（a）生命保険業
- かんぽ生命保険は，生命保険業免許に基づき，①個人保険および財形保険，②個人年金保険および財形年金保険，③再保険，の保険引受業務および，④有価証券の取得，⑤不動産の取得，⑥金銭債権の取得，⑦金銭の貸付（コールローンを含む），⑧有価証券の貸付，⑨預金または貯金，⑩金銭，金銭債権，有価証券または不動産等の信託，⑪有価証券関連デリバティブ取引，金融等デリバティブ取引または先物外国為替取引，⑫その他郵政民営化法第 138 条に定められた方法等の資産運用業務を行っている

（b）他の生命保険会社，その他金融業を行う者の業務の代理または事務の代行
- かんぽ生命保険は下記の保険会社の商品の受託販売等を行っている
  アフラック生命保険株式会社
  エヌエヌ生命保険株式会社
  住友生命保険相互会社
  第一生命保険株式会社
  東京海上日動あんしん生命保険株式会社
  日本生命保険相互会社

三井住友海上あいおい生命保険株式会社

明治安田生命保険相互会社

メットライフ生命保険株式会社

（c）郵政管理・支援機構から委託された簡易生命保険管理業務

- かんぽ生命保険は，郵政民営化法により公社から管理機構に承継された，簡易生命保険契約の管理業務を，管理機構から受託している

である。これらの「生命保険業」は，日本郵政グループの関係会社である①かんぽ生命保険，②かんぽシステムソリューションズ株式会社，により提供されている。


⑥の「その他の事業」としては，

（a）グループシェアード事業

- 日本郵政グループ各社が個別に実施するよりもグループ内で１カ所で集約したほうが効率的な実施が見込まれる間接業務（電器通信役務および情報処理サービスの提供，人事および経理に関する業務，福利厚生に関する業務，不動産の管理等に関する業務，人材派遣・紹介等の業務，コールセンターに関する業務，人材育成に関する業務および健康管理業務など）を，事業子会社から受託して実施，業務を支援することにより，業務を支援するとともに，経営効率の向上を図っている

（b）病院事業

- 日本郵政グループの企業立病院として，逓信病院を設置している（2023年3月末現在，１カ所）

（c）宿泊事業

- 「ゆうぽうと世田谷レクセンター」の運営，管理を行っている

（d）投資事業

- 成長性の高い企業に出資を行うことにより，出資先企業と日本郵政グループとの連携および中長期的なグループ収益を図っている

である。これらの「その他の事業」は，日本郵政グループの関係会社である①

第 6 章　郵政事業の政府規制と民営化 ｜ 145

日本郵政株式会社，②日本郵政コーポレートサービス株式会社，③ゆうせいチャレンジド株式会社，④日本郵政キャピタル株式会社，⑤日本郵政不動産株式会社，⑥ JP プロパティーズ株式会社，⑦ JP ツーウェイコンタクト株式会社，⑧株式会社 JP デジタル，⑨ JP ビルマネジメント，により提供されている。

　日本郵政グループが行うこれらの膨大な業務は，お客様にサービスを提供するための営業拠点として全国に設置した直営の郵便局（2023 年 3 月末現在：20,142 局）および業務を委託した個人または法人が運営する簡易郵便局（2023 年 3 月末現在：3,579 局）で提供されている。

　この業務に携わる従業員は，2023 年 3 月 31 日現在で，①郵便・物流事業（従業員：98,216 人，臨時従業員：96,699 人），②金融窓口事業（従業員：81,396 人，臨時従業員：32,188 人），③国際物流事業（従業員：13,673 人，臨時従業員：5,262 人），④銀行業（従業員：11,807 人，臨時従業員：2,900 人），⑤生命保険業（従業員：19,776 人，臨時従業員：2,865 人），⑥その他事業（従業員：2,501 人，臨時従業員 2,522 人），日本郵政グループ全体で，従業員（正社員）227,369 人，臨時従業員（非正社員）142,436 人で，総勢 369,805 人に上る。

# 2 ── 郵政事業の政府規制と事業リスク

## 2. 1　金融 2 社の株式売却に関するリスク

　金融 2 社株式の売却については，日本郵政としては，郵政民営化法に従い，最終的には日本郵政が保有するすべての金融 2 社株式を売却する方針であるが，その前提として，金融 2 社株式の売却に伴う日本郵政と金融 2 社との資本関係の変化が，金融 2 社の経営状況ならびに日本郵政および日本郵便に課せられているユニバーサル・サービス確保の業務の履行に与える影響を見極める必要がある。日本郵政としては，まず，金融 2 社の経営状況およびユニバーサル・サービス確保の責務の履行への影響が軽微と考えられる日本郵政の保有割

合が 50% 程度となるまで，段階的に売却を進める考えである。なお，金融 2
社株式の 2 分の 1 以上を処分することにより，郵政民営化法により課せられて
いる新規業務に係わる規制が認可制から届出制へと緩和されることとなる。

2024 年 3 月 31 日現在であるが，日本郵政は，ゆうちょ銀行の 61.5% の株式
を所有している。また，かんぽ生命保険の株式も同様に 65% を所有していた
が，3 度目の株式の売却を 2023 年 4 月に行い，現在，日本郵政が保有するか
んぽ生命保険の全株式の割合は約 49.8% まで低下している。

日本郵政と金融 2 社との 2019 年 3 月における内部取引の状況は，下記の様
相である。

- ゆうちょ銀行から「ブランド価値使用料」として日本郵政へ「4,123 百万円」
- ゆうちょ銀行から「システム利用料」として日本郵政へ「17,870 百万円」
- ゆうちょ銀行から「貯金旧勘定交付金」として日本郵政へ「5,679 百万円」
- ゆうちょ銀行から「株式の配当金」として日本郵政へ「166,851 百万円」
- かんぽ生命保険から「ブランド価値使用料」として日本郵政へ「3,194 百万円」
- かんぽ生命保険から「システム利用料」として日本郵政へ「1,815 百万円」
- かんぽ生命保険から「株式の配当金」として日本郵政へ「32,040 百万円」

2019 年 3 月期決算によると日本郵政の経常利益 916,144 百万円であるが，そ
のうち，ゆうちょ銀行とかんぽ生命保険の金融 2 社からの配当金は合計で
198,891 百万円で，日本郵政の経常利益の約 22% に上る。今後，日本郵政は金
融 2 社の株式の売却を進めることになるが，売却すればするほど，金融 2 社か
らの配当金は減少することとなる。

今後，金融 2 社の株式の売却を見据えた事業ポートフォリオ移行をスムーズ
に進めることが重要である。日本郵政グループ各社の企業価値向上に資する幅
広い分野での資本提携や M＆A も，投資判断基準に照らして慎重に検討し，
適切と判断したものを実施していくことが重要である。

第6章　郵政事業の政府規制と民営化 | 147

　ゆうちょ銀行およびかんぽ生命保険の金融2社は，現在，日本郵便が金融の
ユニバーサル・サービス提供に係わる責務を果たすために営む銀行代理業また
は保険募集等に係わる業務委託契約を日本郵便との間でそれぞれ締結してお
り，それぞれ日本郵政グループにおいて，日本郵便株式会社法第2条第2項に
定める関連銀行として銀行業セグメントまたは同条第3項に定める関連保険会
社として生命保険セグメントを担っている。

　グループ会社として相互に連携・協力し，シナジー効果を発揮するため，日
本郵政および金融2社は，「日本郵政グループ協定」および「日本郵政グルー
プ運営に関する契約」を締結しており，その存続期間は，金融2社が日本郵便
と締結している業務委託契約が解除されるまでとしている。なお，これらの契
約の解除は，「日本郵政による金融2社の株式売却と連動していないともされ
ている」この点を付け加えておく。

## 2.2　金融2社からの受託手数料に関するリスク

　日本郵政の子会社である日本郵便は，ゆうちょ銀行から銀行窓口業務等の委
託，また，かんぽ生命保険から保険窓口業務等の委託を受けており，これらの
業務は金融窓口事業セグメントの収益の大部分を占めていることから，両社の
経営状況の悪化や経営方針に変更が生じた場合には，日本郵政グループの事
業，業績および財政状況に大きな影響を及ぼす可能性がある。

　2019年3月期現在の日本郵便に対する金融2社の関係については下記の様
相である。

- ゆうちょ銀行から「銀行代理業の業務に係わる受託手数料の受取」として
  日本郵便へ「598,116百万円」
- かんぽ生命保険から「保険代理業務の業務に係わる受託手数料受取」とし
  て日本郵便へ「372,265百万円」

　日本郵便が金融2社との間で締結している銀行窓口業務契約等および保険窓
口業務契約等に基づく2019年度3月期における各社からの受託手数料は，そ

れぞれ5,981億円および3,722億円であり，それぞれ日本郵政グループの金融窓口事業セグメントにおける経常収益の約44%および約27%を占めており，かかる受託手数料は今後も日本郵政グループの金融窓口事業における収益の重要な部分を占めることとなるものである。受託手数料は，銀行法・保険業法に定められたアームズレングスルール等を遵守することが求められており，恣意的な変更が行われることは想定しにくいが，今後，金融2社の減収が続くなどの合理的な理由に基づき受託手数料の額を減額するまたは対象となる業務の範囲を限定する等，日本郵便にとって不利に改定されることも考えられる。

また，特にゆうちょ銀行から受け取る受託手数料については，ゆうちょ銀行の直営店での業務コストをベースに，日本郵便での取扱実績に基づいて委託業務コストに見合う額が算出されるため，ゆうちょ銀行において業務コストの削減が行われた場合には，日本郵政グループの金融窓口事業における収益に大きな影響を与える可能性がある。

金融2社はユニバーサル・サービスの提供に係わる法的義務を負うものでなく，金融2社が，郵便局ネットワークに代替する販売チャネル（例えば，ATMの相互利用，オンライン取引，日本郵政グループ外の企業への委託，など）をより重視するようになった場合や，窓口業務の健全・適切な運営確保の観点から特段の事由が生じた場合，銀行窓口業務契約等および保険窓口業務契約等の解除が発生した場合には，日本郵政グループの業績および財政状態に大きな影響を及ぼす可能性がある。

# 3 —— 郵政事業のユニバーサルサービス

## 3.1　日本郵政とユニバーサルサービス

日本郵政は，「郵政グループビジョン2021」の中で，創業150年である2021年を目途として，郵便局をお客様の「安全，安心，信頼，利便」の拠点として機能的なネットワークに創造した。同ビジョンでは，郵便局が3事業のサービスを提供する「安全，安心，信頼，利便」の拠点となり，郵便局を日本郵政グ

第6章　郵政事業の政府規制と民営化 | 149

ループのハブとして地域社会に貢献するという役割の方向性が示された。そして，お客様のニーズに応える効率的で機能的な郵便局ネットワークを創造し，ユニバーサルサービスの提供および地域性・公共性の発揮が宣言された。

　経営的な方向性としては，郵便局をハブとした日本郵政グループの新展開として，3つの改革が示された。それらは，①サービスの改革「総合生活支援企業グループとしての展開」（日本郵政グループが一体となってさまざまなライフスタイル，ライフサイクルに対応した商品・サービスを多様なチャネルから提供する），②マネジメントの改革「全国に広がる 24,500 郵便局ネットワークの活性化」（郵便局の公共性を維持しつつ，上場企業として競争力，収益力のある会社としての再構築），③社風の改革「郵政スピリッツの創造」（変革に向けてチャレンジする社員を支援し，働きがいのある会社を創造する），である。

　郵便局は，「日本郵政株式会社法」でその設置基準が明確にされている。それらは，①あまねく全国において利用されることを旨として郵便局を設置しなければならない。②郵便局の設置については，いずれの市町村（特別区を含む）においても，一以上の郵便局を設置しなければならない。③地域住民の需要に適切に対応できるように郵便局を設置しなければならない。④交通，地理その他の事情を勘案して地域住民が容易に利用することができる位置に設置しなければならない。⑤過疎地域においては，郵政民営化法の一部改正の法律の施行の際，現に存在する郵便局ネットワークの水準を維持することを旨とすること，である。

　また，日本郵政は，「郵便の役務，簡易な貯蓄，送金及び債権債務の決済の役務並びに簡易に利用できる生命保険の役務が利用者本位の簡便な方法により，郵便局で一体的に利用できるようにするとともに将来にわたりあまねく全国において公平に利用できることが確保されるよう，郵便局ネットワークを維持するものとする」としている。そして，「郵便局ネットワークの活用その他の郵政事業の実施に当たっては，その公共性及び地域性が十分に発揮されるようにするものとする」としている。

　そして，郵便局の価値として，以下の4つの基本理念を謳っている。

(1) 生活インフラ（郵便局は，誰もが，どこでも，利用できる，生活インフラ）

　①郵便局は，生活に欠かせないサービスや情報を利用でき，地域のさまざまな人に出会える場

　　• 最も身近な窓口：平均距離 1.1 km（小学校と同じ）

　　• 窓口の利用者　　：675 万人／日

　②郵便局員が地域の家庭などを訪れるネットワーク

　　• 毎日の配達　　　：3,100 万の家庭など

　　• 日刊紙の配達　　：5,000 万部／年

(2) 全国ネットワーク性（情報，モノ，カネを流通させる全国 24,500 のネットワーク）

　　• 情報―郵便　　　：5,100 万通／日

　　• モノ―小包　　　：100 万個／日

　　• カネ―送金　　　：600 万件／日

(3) 公共性（ユニバーサルサービス，社会的政策の実現）

　①全国あまねく（全国 24,500 の郵便局，過疎地域を含む 1,741 の全市町村にある郵便局においてサービスを提供。この中には不採算地域も含まれる）

　②いつでも（非常時を含めたライフラインサービス，生命線維持サービス）

　③公平（郵便局サービスは，誰もがどこでも同一サービスを同一条件で受けることが可能）

　④生活基礎サービス（国民生活に必要な情報・モノ・カネの交流を支える基礎的なサービス）

　　• 郵便―基礎的通信，基礎的物品送達

　　• 郵貯・簡保―基礎的自助支援手段

　　• 公的窓口サービス―年金・恩給の支払など

(4) 独立採算（質的向上・効率化へのインセンティブ）


　上記の郵便局の価値を使用して，すでに公企業時代から郵便局ネットワーク

は「公的部門のワンストップサービス」の拠点になることを掲げ，ネットワークとしての活用と効率化を試みてきた。

事実，「郵便局ビジョン2010」においても，「地域住民の生活を支える上で，ワンストップ行政サービスの推進が非常に重要である」とし，当時，郵便局において地域貢献施策の実施として，地方公共団体からの受託業務を推し進め，郵便局窓口において，公的証明書交付事務（住民票の写しの交付など），受託窓口事務（受託販売事務，受託交付事務，利用申込取次事務）を推進してきた。

しかし，未だ郵便局ネットワークはワンストップサービスの高度化をなかなか実現できないままでいる。郵便局は国民利用者の公的部門を含む「コンビニエンス」になれるか，上場企業としての企業価値が問われている。

## 3.2 現在の「ユニバーサルサービス」水準を維持できるか

郵便のユニバーサルサービスは，現代の郵便制度の骨格を成している。1964年に制定された万国郵便条約は，ユニバーサルサービスを「全ての利用者が，その質を重視した郵便の役務を，加盟国の領域の全ての地点において，恒久的，かつ合理的な価格の下で受け付けることが出来るような普遍的な郵便業務の提供を受ける権利を享有することを確保する」（第3条）と定義している。そして加盟国の責務として「自国民のニーズ及び国内事情を考慮して，関係する郵便業務の範囲を定めるとともに，その質を重視し，及び合理的な価格を設定することについて条件を定める」ことを求めている。一般的に，ユニバーサルサービスは，①地理的ユニバーサルサービス（全国どの地域でもサービスを受けられること），②経済的ユニバーサルサービス（誰もが利用可能な料金でサービスを受けられること），③社会的ユニバーサルサービス（すべての人が差別なくサービスが受けられること），④技術的ユニバーサルサービス（一定の品質を持ったサービスを受けられること），の4要素から成り立っていると理解されている。

これらについての利用者の権利を保障するため，各国の規制当局は具体的なユニバーサルサービス基準を定め，自国の郵便事業者に対してその提供義務（ユニバーサルサービス義務）を課している。しかし，ユニバーサルサービスに

係わる費用を，誰が，どのような方法で負担するかという大きな問題がある。郵便事業の独占が制度的に維持されているうちは，内部相互補助によってユニバーサルサービスコストを上回る一定収益を確保することは比較的容易だったが，郵便市場における競争政策の導入・拡大は，それまでの郵便事業体の財政収支を悪化させ，ユニバーサルサービス義務のための財政基盤を損なうことになっている。

　以前は，ユニバーサルサービス義務のための財政的措置については，郵便事業体に対する独占権付与が最も伝統的な方策であった。しかし，1990年代以降，世界の郵便事業は，①技術による他の通信メディアの発達，②民間宅配事業者の郵便物流への進出，③伝統的郵便事業体の非効率性の顕在化，④グローバル市場の発展，などの影響を受け，郵便市場の自由化と郵便事業体の経営改革（民営化）がほぼ同時並行的に進められることとなった。とりわけ，郵便自由化は独占領域の縮小あるいは廃止をもたらし，伝統的な郵便事業体にとってはそれだけ安定的な収入源が失われたことになる。そのことは，必然的にユニバーサルサービスの供給体制に影響を及ぼし，サービス品質の低下あるいはサービス範囲の縮小などのリスクが高まったことになる。

　日本では2007年から実施された郵政民営化を背景としながら，政府内で郵便自由化とユニバーサルサービスの確保のあり方について議論がなされてきた経緯がある。株式上場がなされたことにより，今後，株主は，より高い配当金とキャピタルゲインを要求してくるものと思われる。その中で，日本郵政グループが提供義務を持つユニバーサルサービスをどのように位置づけるのか，ユニバーサルサービスコストをどのように負担するのか，現在の水準のユニバーサルサービスを維持できるのか，その課題は大きい。

## 3.3　現在のユニバーサルサービス確保方策

　2012年の改正郵政民営化法を経て，日本郵政および日本郵便にユニバーサルサービス提供の責務が課せられている。これは，信書等を送達する郵便サービス，簡易な貯蓄，送金および債権債務の決済サービス，簡易に利用できる生

命保険のサービスという郵政事業のサービスが国民生活に必要不可欠な公共性の高いサービスとして位置づけされているからである。一方，改正郵政民営化法では，「政府は郵政事業のユニバーサルサービスの責務の履行の確保が図られるよう，必要な措置を講ずる」こととなっている。

　現在，郵政事業のユニバーサルサービスについては，日本郵政および日本郵便の経営努力により提供され，その水準を確保している。しかし，今後の少子高齢化，人口減少等が進んでいく中で，現在のユニバーサルサービスを確保し，その水準を維持し続けることは困難性が伴うものである。これからも，ユニバーサルサービスを一体的に提供する郵便局ネットワークを維持することは，国民生活・地域社会にとってますます重要性が増すばかりである。

　現行のユニバーサルサービスの提供が将来的にも維持されるためには，日本郵政および日本郵便の収益力の向上等の経営努力が不可欠である。

　わが国の人口の急激な減少，IT化の進展等により，郵便物数の減少が今後も想定される。日本郵便は，新たな収益源の確立に向けた経営努力等を重ねることが重要である。その中で，郵便料金については，1994年以降，2014年の消費税引き上げ時まで料金改定をして来なかった。また，2014年の消費税引き上げ時も増税分の値上げに留めているため，実質的には，24年以上郵便料金を据え置いており，利益率確保の困難性が高まって来ている。一方，ユニバーサルサービスの水準は維持している。したがって，コストに見合った郵便料金の改定が必要であると考える。

　また，少子高齢化やAIなどのIT化普及等，郵政事業を取り巻く社会経済環境は大きく変化していくことが予想される。郵政事業のユニバーサルサービスが確保されるよう，中長期的な視点から必要な方策を検討していくことが不可欠である。国民ニーズの変化に応じたユニバーサルサービス水準をどうするか，コスト負担をどうするのか，このままの状況であれば現在のユニバーサルサービス水準を確保できなくなることが予想される。

# 4 ── 地方創生から見る「ユニバーサルサービス」の確保

## 4.1　ユニバーサルサービスコストの算定手法の検討

　郵便事業のユニバーサルサービスコストについては，諸外国においてもさまざまな検討がなされており，統一的な計算方法が確立しているわけではない。したがって，下記の状況を，国民・利用者，郵政事業の利害関係者に対して，広くわかりやすく説明していくことが重要である。

- 日本郵政，日本郵便の経営効率・経営努力だけでは負担しきれないユニバーサルサービス維持のためのコストの分析・検証
- ユニバーサルサービスの提供維持に影響を与える外部環境変化の要因（今後の少子高齢化の状況，IT 社会の進展等）について考慮することも可能なコストの分析・検証
- 郵政事業が今後提供し続けていくことができるユニバーサルサービスコストの水準と，国民・利用者が郵政事業に今後も期待するサービス水準との変化の両方について，議論の嚙み合わせを重ねること
- ユニバーサルサービスコストの算定プロセスおよび算定結果の透明性確保の在り方の検討

## 4.2　郵便事業のユニバーサルサービスのレベルと郵便料金の設定

　郵便事業のユニバーサルサービスのサービス水準については，①約 18 万本の郵便ポストの設置と維持，②すべての市町村に 1 つ以上の郵便局の設置，③全国均一料金でなるべく安い料金，④週 5 日原則 1 日 1 回の配達，⑤差し出し日の翌日から原則 3 日以内の配達（離島には 5 日以内，交通手段のない離島においては 2 週間以内の配達），⑥全国あまねく戸別配達，が確保されている。

　郵便料金については，その設定方法は「総括原価主義の原則」の下，認可制となっている第三種郵便物および第四種郵便物を除き，事前届出制となっている。

　今後も国民・利用者の郵便の需要動向を勘案しながら，このサービス水準を

第6章　郵政事業の政府規制と民営化 ┃ 155

維持するのか，より発展させていくのか，郵便水準と表裏一体のものであるため，その水準と料金の在り方について，2024年10月に郵便料金値上げが実施される予定であるが，その後も検討し続けることが重要である。

## 4.3　郵便料金の政策的な観点からの低廉料金サービスに対するコスト負担について

　第三種郵便物は一定の条件を満たす「定期刊行物」であり，第四種郵便物は「通信教育」のための郵便物，「植物種子等」を内容とする郵便物である。両郵便物とも，ある限定された特定の政策目的で国民の福祉増進に貢献するものとして，低廉料金政策が取られている。諸外国の中には，これらの政策的な低廉料金サービスに係わるコストに対して財政支援を行っている例がみられる。今後，わが国においても，これらのコストに対してどのように対応していくのか，継続的に検討しておくことが重要である。

## 4.4　郵便局ネットワーク維持に係わるコスト負担について

　全国津々浦々すべての市町村に配置された郵便局は，国民・利用者の生活のインフラとなっている。郵便局は，郵便・物流・金融を扱う拠点のみならず，生活支援の拠点，見守りサービスと行政の窓口機関でもあり，国民・利用者にとって最も重要な生活インフラである。また，日本郵政，ゆうちょ銀行，かんぽ生命が株式上場し，今後さらにゆうちょ銀行，かんぽ生命の株式売却が進む中で，金融のユニバーサルサービスの提供を含む，郵便局ネットワークへの影響が注視されるところでもある。しかし，今後さらに進むことが予想される少子高齢化・人口減少時代の中で，地方における過疎化の問題が露呈してくる。そのような中で，今後ますます，郵便局ネットワークのセーフティネットとしての役割が社会全体として大事になってくる。英国においては，郵便局ネットワークを支えるための補助金が支給されており，フランスにおいては地方税の免税が実施されることによって，郵便局ネットワークの維持に係わる措置が講ぜられている。わが国においても，銀行窓口，保険窓口の機能を含めた郵便局

ネットワークの維持に係わるコストをどうするのか，今後継続的に議論することが重要である。

**参考文献**

JP 総合研究所（2018）「創業 150 年を見据えた事業の再構築」『郵政事業の未来構想研究会　報告書』。

JP 総合研究所（2014）「株式上場と金融 2 社の成長戦略を考える」『株式上場・企業価値向上に向けた金融 2 社のあり方研究会　報告書』。

日本郵政株式会社（2023）『有価証券報告書総覧』。

JP 総合研究所（2016）「地域と共に歩む郵便局をめざして」『人口減時代に向かう地域社会と郵便局のあり方研究会　報告書』。

# 第7章

## 郵政事業による地方創生

### ―財政破綻した夕張市の事例からの政策提言―

　2006年に事実上の「財政破綻」をした北海道・夕張市は，郵政事業において公的役割を持つ郵便局にとって特別なものと言われている。

　夕張市が「炭鉱の町」として繁栄し人口のピークであった1960年に116,908人で，「19局」の郵便局があった。今や炭鉱の町ではなくなった夕張市の人口は2023年で6,830人まで落ち込んで，人口ピーク時のたった7%に過ぎない。だが，今でも，郵便局の数は「13局」である。ダム建設で水没した6局を除いて，当時のままの数を維持して事業運営を継続している。

　ユニバーサルサービスの維持・確保という視点からみると，各郵便局は地域の中で重要な役割を果しているものの，経営的に成り立たなくなっている。

　この地方における郵便局のあり方をどうするのか。

　財政破綻をした夕張市の視点から「地方創生」としての郵便局のあり方を検討する。

## 1 ── 夕張市の概況と「コンパクトシティ化」

### 1.1　夕張市の地理

　夕張市は北海道の中央部よりやや南西に位置し，三方を夕張山系に囲まれ，夕張川などの流域に蛇行して拓けた集落である。周囲は92%が林野で占められており，そのうち91%が国有林野で平地が少なく，森林地帯のなか地形はY字型に集落が形成されている。夕張市の大きさは，東西約25km，南北約35kmの長さで，総面積は約763km²である。

近隣の札幌市，新千歳空港，苫小牧市からは60 km圏内にあり，国道，高速道路の道路網が完備されており，札幌・帯広など道東の重要な拠点都市である。

気候は内陸性で気温の格差が大きく最高気温30度前後，最低零下15度以下になり，平均標高は230 mの丘陵傾斜地となっており，この気候を活用して「夕張メロン」の産地として全国に知られている。

## 1. 2　夕張市の歴史

明治時代初期から炭鉱の町として栄え，国内有数の産炭地として盛況を誇った。その始まりは，1874年（明治7年）に北海道開拓使でアメリカ人鉱山地質学者ライマン氏の探検隊による地質調査の結果，夕張川流域に石炭鉱脈の存在が考えられると発表したことからである。その後，1888年（明治21年）に北海道の技師でライマン探検隊の一員だった坂市太郎氏が再調査により大露頭（鉱脈）を発見し，入植者の募集と試掘が行われ，「炭鉱の街・夕張」の歴史が始まった。

1890年（明治23年）に北炭による炭鉱開発が開始され，1892年（明治25年）には室蘭線を結ぶ鉄道が完成し，石炭輸送も開始され，石炭は大幅に増産され，夕張市の石炭は国のエネルギー産業として日本の高度経済成長を支えた。夕張市は「炭都」と呼ばれ，最盛期の石炭産出量は年間400万トンを出炭し，国内のエネルギー基地として飛躍的に発展した。夕張市の石炭産業は，明治以来の日本の産業振興と戦後復興を支え，最盛期の1960年（昭和35年）には，北炭（夕張鉱業所・平和鉱業所）・三菱（大夕張鉱業所）の三大鉱業所を中心に北炭機械工業（鉱山・産業機械製造），北炭化成工業所（コークス・化成品製造）などの石炭関連産業も発達し，116,908人の人口を抱える都市となった。

しかし，国の石炭から石油へのエネルギー政策の変革と安価な外国産石炭の輸入，および炭鉱事故の発生などで，夕張市の炭鉱は1963年（昭和38年）頃から24あった鉱山は次々と閉山され，1990年（平成2年）3月末をもって三菱石炭鉱業㈱南大夕張鉱業所の閉山を最後に夕張市から炭鉱はすべて姿を消した。最盛期には大手・中小17の鉱山会社を有したが，夕張市の石炭王国は閉

山により人口の流出が続いており，過疎化が止まらない状況である。

夕張市の最大人口は 1960 年（昭和 35 年）4 月には 116,908 人であったが，2022 年（令和 4 年）12 月末現在で，当時の 13 分の 1 以下に激減し，6,830 人（4,111 世帯）となっている。

## 1.3　夕張市の人口問題

最盛期からの夕張市の人口減少率は，全国の自治体でもトップクラスである。現在，夕張市は全国で 2 番目に人口が少ない市であり，人口密度は全国の市で最も低い状況である。さらに近年，人口動態は高齢化が進み，65 歳以上の高齢者の割合は 50.6％，15 歳以下は 5.4％ で，高齢化の割合は全国一，15 歳未満の若者の割合は最低である。

国立社会保障・人口問題研究所によると，夕張市の人口は，2030 年には 5,613 人，さらに，2040 年には 3,885 人となり，現在の半分以下になると推計されている。高齢化率は現在の 50.6％ から，2040 年には約 56％ に達する見込みである。

人口の大幅な減少に伴って，夕張市の人口構造も大きな変化をみせていく中，高齢者層の住居の確保，自動車を運転できなくなった高齢者が医療や買物などの利便性が優れた街へ住み替えるケースも増えている。夕張市としては，自動車に依存せずに安心して暮らし続けられる公共交通のあり方や住宅環境の整備，企業誘致，地場企業育成による雇用対策など喫緊の課題が山積している。

## 1.4　夕張市の「コンパクトシティ」化

夕張市は，持続可能なまちづくりに向けた都市機能のコンパクト化の推進と，国内でも開発有望とされている CMB（炭層メタンガス）を地域エネルギーとした地産地消による地域活性化計画を同時に推進している。企業支援と人口減少の抑制を目指すものであり，2015 年 1 月に内閣府の地方創生の一環として地域活性化のモデルケース「持続可能なまちづくりに向けた都市機能のコンパクト化の促進と CMB の開発による地域再生計画」が採択，認定された。

夕張市は炭鉱の坑口ごとに集落が形成された歴史から，南北35km，東西25kmに点在する広域分散型の都市構造である。公営住宅や公園等の公共施設も各地域に点在しており，各施設の老朽化も進んでいる。今後の人口減少の様相から，人口規模に見合った公共機能のスリム化が求められている。

今後の人口減少に対応していくためには，市内を南北に貫く主要幹線沿いに都市機能を集約し，移転誘導を行うことにより，まちをコンパクト化し，持続可能な地域社会の構築が必要である。主要幹線沿いへの集約については，2012年3月に策定した「夕張市まちづくりマスタープラン」で概ね20年程度かけて段階的に進めていくことが示されており，主要幹線の中心にある清水沢地区が新たな拠点地区として位置づけられている。この計画は，コンパクトシティをさらに加速度的に推進するため，「コンパクトシティ拠点施設整備事業」として，周辺施設の統廃合を行い，清水沢地区に行政，交通，教育，文化，体育といった都市機能を集約した複合型拠点施設を整備して賑わいを創出し，移転誘導することでコンパクトシティをさらに推進し，持続可能な地域社会の構築を目指す。

また，清水沢地区は石炭層に含まれるCBMの国内開発最有力地とされており，「CBM活用による地域産業の付加価値事業」として，CBMの開発で企業進出や雇用の場を創出し，地産地消エネルギーとして電力・熱源を供給することにより生活基盤を同地区に造成して移転や移住を促すことを目標とする。

# 2 —— 財政再生団体としての夕張市

## 2.1 夕張市の財政破綻

かつての夕張市は炭鉱の街として栄えたが，「石炭から石油へ」のエネルギー政策転換により，市内にあった24の鉱山は次々に閉山，1990年には最後の三菱南大夕張鉱山が閉山され，夕張市から炭鉱はなくなった。それと同時に，人口はピーク時の13分の1に激減し過疎のマチと化した。

これらを境に，夕張市の財政は急激に悪化の道を辿ることになる。

夕張市にあっては，2006年6月20日に，632億円を超える巨額債務を抱え，「財政破綻」した。2009年4月1日からは，新たな財政健全化法による全国初の「財政再建団体」から「財政再生団体」として，国の同意により322億円の赤字を17年間で解消する財政再生計画が決定され，2013年度から再生振替特例債による元利償還の返済が開始された。毎年の返済額は25億6千万円に達し，「財政の再建」と「地域の再生」に向けて官民一体で取り組んでいるところである。

夕張市の財政破綻は国の管理下のもと，地域住民，地域経済に深刻な影響を与え，忍耐と努力を強いられ，マスコミに大々的に取り上げられ日本全国民に衝撃を与えるものであった。今日，地域経済が疲弊し，高齢化と過疎化が同時進行している「夕張問題」は，全国の地方自治体に共通する財政上の警鐘を鳴らしていると言われており，将来の日本が抱える地方の縮図が「夕張市」である。

## 2.2 財政破綻の要因

夕張市が財政破綻となった主な要因として，以下の5つが挙げられる。

要因の第一は，「巨額な炭鉱閉山処理のための対策費」である。かつての夕張市は石炭産業を基幹産業として発展し，1960年には人口10万8千人を有する「炭都夕張」として最盛期を迎えていたが，国策により炭鉱が相次ぎ閉山され同時に人口が激減，炭鉱税や市民税の歳入の減少に歯止めがかからなかった。同時に夕張市内の炭鉱の多くを経営していた「北炭」の撤退に要する労務費（退職金など）の支払いのために，同社が所有する鉱員向けに設置したインフラを夕張市が買収した。北炭が所有していた土地や家屋，上下水道施設などを26億円で買収し，北炭が所有していた北炭病院を夕張市へ移管する際に40億円を拠出，炭鉱住宅5,000戸を市営住宅に転換（改良住宅への建て替え）するために151億円を支出，炭鉱税61億円を未払いのまま撤退を認めるなど，最終的に「炭鉱閉山処理対策費」は総額583億円に達した。

要因の第二は，「観光施設の過大投資と観光事業の失敗」である。夕張市に

とって観光事業はポスト石炭産業として新たな産業創出の命運をかけたもので
あった。観光事業は「石炭の歴史村公園」を整備したことから始まり，総合観
光を目指してホテル事業やテーマパークの建設，スキー場の整備と拡張したも
のの，民間企業の進出が望めなかったことから，夕張市自ら主体となり，雇用
の場の確保および地域振興の視点から経営を行った。

　しかしながら，観光事業は長引く景気の低迷に伴い，観光事業収入により賄
うべき経費および施設整備に係わる元利償還金に充てるべき収入が不足し，赤
字運営が恒常化した。「夕張ロボット大科学館」は，観光開発の一貫性を欠き
陳腐化，閉館，取り壊したが，すべての観光施設の建設の際に地元業者優先の
随意契約が行われ，建設費も適正価格を上回り，事業が観光客誘致よりも雇用
確保に傾いたため，各施設が余剰人員を多く抱え観光関連施設の収支を悪化さ
せた。

　さらに，テーマパークやスキー場の建設，映画祭などのイベント開催によ
り，企業誘致による地域経済の再生や，若者層を中心とする人口流出の抑止，
雇用創出を図ったがことごとく振るわず，放漫経営も相まって累積赤字が夕張
市の財政を圧迫していった。

　また，2002年に夕張市は新たにマウントレーススキー場を26億円で買収し
た。この際，市債を発行して資金調達をしようとしたが，北海道庁が負担が重
すぎることから許可しなかった。しかし夕張市は，土地開発公社に買収させ，
夕張市が肩代わりする「ヤミ起債的行為」にまで手を染めた。

　第三の要因は，「夕張市の行政体制の効率化の遅れ」である。夕張市は1960
年に人口のピークを迎えたが，その時に必要とされた市職員は615名であっ
た。その後，劇的な人口減少の中，市職員の定年退職での自然減と新規採用の
調整等で行政体制の効率化を図ったものの，当時からの人口に見合った市職員
数および人件費の抑制が「不十分」であった。要因の第四は，「人口減少によ
る交付税の歳入の減少と特別措置法の廃止」である。夕張市の税収入のピーク
は1984年で，財政破綻時の税収入は1984年の56.2％（12億1千7百万円の減
少）しかない状況であった。また，地方交付税においても配算のピークであっ

第 7 章　郵政事業による地方創生　│　163

た 1991 年と比べて財政破綻時は 55.5%（38 億 8 千万円の減少）であった。さらに，2001 年に「産炭地域振興臨時措置法」の失効に伴い，この間に交付された「産炭地域振興交付金」が廃止され，歳入の減少に歯止めがかけられないまま，的確な対応ができなかった。　要因の第五は，「借金が膨らんだ会計手法に依存し続けたこと」である。夕張市は財政状況が逼迫する中で，会計処理を巧みに使い，表面上は財政黒字となる会計手法を長年にかけて採用してきた。

　4 月・5 月の出納整理期間を利用して会計間貸付金や償還金のやり取りを行い，そのための資金手当てを一時借入金で行うことにより，表面上の赤字額を見えなくする不適切な手法を長年繰り返してきた。これは，一時的に金融機関から資金を借入，前年度の借入を返済，この繰り返しで一時借入を赤字隠しに使うなど膨大な累積赤字となった。

　また，2001 年度からは普通会計と他会計の間で出納整理期間を使って翌年度からの資金不足を補塡してきた。

　これらのことから，夕張市は一時借入金残高は 12 金融機関から 292 億円，企業会計を含む地方債残高が 187 億円，公企業と第三セクターへの債務・損失補償が 120 億円とされ，夕張市の標準財政規模（44 億円）を大きく上回り，自らの財政再建は不可能な状態に陥った。

## 2.3　夕張市の財政再建計画

　2006 年 6 月，当時の夕張市長が定例市議会の冒頭で，総務省に対して財政再建団体の申請を行うことを表明した。事実上の財政破綻であった。同年 8 月に北海道は，夕張市の財政状況の調査に関する「経過報告」を公表し，2007年 3 月 6 日に財政再建団体移行について総務大臣の同意を得て，財政再建計画がスタートされた。

　北海道は，夕張市の再建期間短縮の観点から，赤字額の 360 億円を年 0.5%の低利で融資（市場金利との差額は北海道が負担），国も地方交付税交付金などによる支援を打ち出した。これらの動きにより，再建期間は 18 年間の見込みとなった。財政再建団体指定は，全国で 1991 年の旧赤池町（福岡県福地町）以

来，北海道では喜茂別町が 1973 年に指定解除を受けて以来のことであった。
2010 年 3 月に国の同意により，17 年で赤字を解消する計画となっている。その要旨は以下の通りである。

(1) 夕張市の第三セクターの歴史観光村（負債額 74 億 8,800 万円），夕張観光開発（負債額 54 億 6,000 万円），夕張木炭製造（負債額 16 億円）の 3 社を破産処理する。映画祭を中止する。

(2) 市職員の給与を削減する。市長は 50％（月収 862,000 円→ 431,000 円），助役は 40％，教育長は 25％，一般職員も 15％ カットとなり，総額 4 億200 万円の経費削減とする。

　2007 年 4 月からは，さらに削減し，市長 75％（月収 259,000 円），助役 70％（月収 239,000 円），常勤監査委員も月収 229,000 円など，徹底した削減を実施する。市長の給与は全国最低であり，市議会議員の人数も18 人から 9 人に半減，議員報酬も 311,000 円から 180,000 円に削減する。

(3) 夕張市の組織機構の見直しを実施し，簡素で効率的な組織体制とするため，2007 年度から部制を廃止し組織統合を図り，市長部局において当時 5 部 17 課 30 係体制を 7 課 20 係とするほか，5 箇所の市連絡所を廃止し，支所の体制強化を図る。

(4) 新規市職員採用を凍結する。市職員数の削減は，普通会計に属する職員数，2006 年 4 月現在 269 人を，2009 年度当初までに人口規模が同程度の地方公共団体の平均を下回る 134 人とし，2010 年度には 103 人となるよう市職員の適正配置に配慮しながら，原則として退職者の完全不補充により削減を図る。

(5) また，市職員数の削減効果を計画初期年次に反映させるため，早期退職勧告を促すこととし職員数を削減する。事実，2007 年 4 月現在で早期退職希望者が 140 人となり，全職員の約半数が 2006 年度末で退職した。なお，早期退職者は役職者が約 7 割を占め，部長・次長職は全員退職した。

(6) 夕張市が保有する観光施設 31 施設のうち 29 施設を運営委託，売却，廃

止する。

(7) 市民税を個人均等割 3,000 円から 3,500 円へ，固定資産税が 1.4% から 1.45% へ，軽自動車税を現行税率の 1.5 倍にそれぞれ増額。入湯税 150 円の新設。また，ごみ処理は一律有料化，施設使用料も 5 割増，下水道使用料が 10 m$^3$ あたり 1,470 円から 2,440 円に値上げ，保育料は 3 年間据え置いた後，7 年間で段階的に国の基準にまで引き上げ。敬老パスは個人負担額を 200 円から 300 円に引き上げて存続させる。

(8) 公共施設は多くの施設を廃止する。7 箇所の公衆トイレは 5 箇所の廃止。南部コミュニティセンターは使用料の引き上げを行ったうえ管理運営を町内会へ移行，スイミングセンターは夏季限定で営業予定であったが，冬期の雪による損傷で取り壊されるに至った。図書館は蔵書を保険福祉センターに移設し廃止する。

上記の夕張市の財政再建計画の骨子は，2006 年 11 月以降，市内で「住民説明会」を順次開催した後，議会へ提出され承認された。当初，実質負債総額 632 億円のうち，地方債残高を除いた 360 億円を 20 年程度で返済する内容のものであったが，北海道貸付金の繰り延べ一括償還の制度改正により再生計画は，最終的に 18 年間で 353 億円を返済するものとなった。

## 2.4　再生計画としての夕張市

2009 年 4 月から「地方公共団体財政健全化法」が全面的に施行されたことに伴い，夕張市は再建計画から再生計画に移行された。

これまでの地方財政再建制度は「再建計画」の根拠法である「財政再建法」により運営されてきたが，普通会計を中心とした収支のみであるため，現在および将来の負債等が明らかでなかったことや，公営企業に対して早期に是正する機能がなかったことなど，いくつかの課題があった。これらを克服するため，全会計を対象とした透明なルールに基づく早期健全化の枠組みを設け，それでも改善しない場合には，再生の枠組みに移行するという 2 段階の新たな手続きを構築するのが「地方公共団体健全化法」である。

この法律では市の赤字の程度や借入金の返済に充てる公債費の負担割合など
を示す「健全化判断比率」が設けられ，国の定めた基準以上となると「財政健
全化計画」・「財政再生計画」と段階的に，また公営企業会計の「経営健全化計
画」の策定が義務づけられている。これは，「第二の夕張」を防ぐため各自治
体状況を早い段階から把握し健全化するものである。

　新しく施行されたこの法律に基づき，夕張市が策定する財政再生計画につい
ては，当初の353億円を18年で返済する財政再建計画を基本とすることで確
認されたが，市立診療所の建て替えを含めた地域医療体制の構築についての予
算が再生計画に盛り込まれた。

　赤字解消としては，単年度ごとの北海道からの一時金の返済による手法か
ら，新法で認められた赤字債「再生振替特例債」を発行し，元利償還による赤
字解消への移行を図った。夕張市は財政破綻以降，当初の353億円の残高のう
ち2016年度までで116億円を返済して来ている。

　地域の再生に取り組んでいる夕張市では，2016年10月に国，北海道との3
者協議で，2017年度から財政再生計画の見直しが図られ，今後10年間でイン
フラ整備等に総額113億円の事業を進めることで合意した。具体的には，人口
減対策における地域対策事業で地域再生事業として46項目を掲げ，そのうち
35項目が2017年度から着手され，老朽化した市営住宅の解体・新築，複合施
設・認定子ども園・保育料（第二子）ならびに中学校までの医療費の無料化，
低賃金住宅の建設，市民税・軽自動車税の軽減措置，市職員給与の減額幅を
15%から9%に縮小することである。

　夕張市は財政再建団体に移行して以来，大量の市職員が退職し，夕張市に残
る市民の間では，自治意識が芽生え，従来，人任せであった住民意識も自立の
動きが出て来ている。住民の中で一番不安視してきたのは，福祉や医療面での
行政サービスが低下し，市民の負担が増加してさらに人口が減少して，将来が
見えない点である。しかし，従来から行政が担ってきた文化，観光，地域活動
などの面で，NPO法人の設立などの動きが活発化し，観光ボランティアを中
心に「NPO法人ゆうばり観光協会」を立ち上げ，さらに「NPO法人ゆうばり

ファンタ」など市民の自主運営の動きが芽生え，住民の意識は従来の官依存体質から脱却し，自立への意識改革がなされ，行政，住民が一体となっていく方向性にある。地域住民と市長を交えた「ゆうばり再生市民会議」は，毎月1回運営委員会が開催され，「観光」，「環境防犯」，「福祉」の分科会を構成し実務的な話し合いがなされ，桜マップの作成，ゴミのリサイクル，高齢者への命バトン事業など，関係団体と連携しながら進められている。

　地域住民による自治活動としては，廃止となった市の連絡所を地域交流の拠点として高齢者などが集えるサロンとして活用し，市内各所にある生活館などでは，町内会による清掃活動，花壇の奉仕活動などが活発に展開され，炭鉱の全盛期を経ての歴史的な変遷からみると，財政破綻する前とは住民の意識と行動パターンには大きな変化がみられている。

# 3 —— 夕張市の未来総合戦略

## 3.1　地域再生計画

　夕張市は，まちの将来像「安心して幸せに暮らすコンパクトシティゆうばり」の実現のため，2016年1月に内閣府にて地方創生の一環として地域活性化モデルケース「地方再生計画」が採択・認定された。これは，持続可能なまちづくりに向けた都市機能のコンパクト化の促進と，国内でも開発有望とされているCBMを民間，大学研究機関等との連携により，地域エネルギーとして地産地消することによる地域活性化，企業支援，人口減少の抑制を目指す計画である。

　今後の人口減少に対応していくために，夕張市内を南北に貫く主要幹線沿いに都市機能を集約し，移転誘導を行うことにより，まちをコンパクト化し持続可能な地域社会の構築を行う。主要幹線沿いへの集約については概ね20年程度かけて段階的に進めていき，主要幹線の中心にある清水沢地区を新たな拠点地区として位置づける。

　この清水沢地区に行政，児童館，図書館，体育館，フリースペース，交通結

節点などの多機能的な複合型拠点施設を建設する。拠点施設では，住民票発行などの行政機能のほか，災害時の避難所機能，放課後の子どもたちが学習・交流できる場，2014 年に閉鎖した市民会館に代わる市民団体やサークル活動の拠点，子育て世代が子どもを預け，同じ施設内のカフェや売店で働くなど子育て世代の活躍の場などの多機能な施設として活用することを目的に整備する。そして，各地域の住民が拠点施設に移動可能な公共交通体系の構築を進め，拠点施設を市内の新たな交通ハブとして交通体系を全市内に再編し，各地域から出るバスは拠点施設を必ず経由させ，ここで各方面や都市間バスに接続させる。これにより，効率的な交通体系に再編し，バス運転手不足や高齢者の移動手段の確保という夕張市が抱える公共交通の課題をも解決する。

　また一方，清水沢地区は石炭層に含まれる CBM の国内開発最有力地であり，「CBM 活用による地域産業の付加価値化事業」として，CBM の開発で企業進出や雇用の場を創出し，地産地消エネルギーとして電力・熱源を供給することにより生活基盤を同地区に造成して移転や移住を促すことを目標とする。

## 3.2　夕張市地方人口ビジョンおよび地方版総合戦略

　夕張市は，2016 年 3 月に「夕張市地方人口ビジョン及び地方版総合戦略」を策定した。これによると，まず，総人口の減少傾向（2015 年 9,257 人の人口が 2040 年には 3,883 人と推測され，現段階ですでにこの推計を上回る速度で人口減少が進んでいる）を認識したうえで，人口問題を「社会増減」と「自然増減」に分けて検討している。

　人口の社会増減に関する現状・課題（●直近 5 年間は平均 200／年の社会減少がある，● 10〜20 代の若者のみならず，60 歳以上の高齢者が，転出者のうち 3〜5割を占めている，●市外から通勤して夕張市で働く就業者は 800 人以上いる，●通勤者が夕張市に住む場合の住宅は，民間賃貸住宅への居住意向が最も高い，●夕張高校に進学する生徒が減少しており，卒業生の多くが市外へ出ている）に対して，夕張市が目指すべき将来の方向性として，「転出抑制・定住促進により，社会減少を抑制する」としている。具体的には，①若年世代が住みやすい生活環境

第7章　郵政事業による地方創生 ｜ 169

を整備し定住促進，②魅力的な教育の場や将来の夕張を担う人材育成，③夕張の強みや資源を活かした雇用の場の確保と新たな交流人口の拡大，を目指すとしている。

　一方，人口の自然増減に関する現状・課題（●直近5年間は，平均で180人／年の自然減少である，●高齢化率が48％（2015年時点）と，全北海道的にも突出した高さであり，総人口の自然減少傾向は避け得ない状況である，●夕張市の合計特殊出生率（1.32）は，北海道（1.28）より高い状況である，●現在いる子どもの人数は，理想の子ども人数よりも約1.01人少なく，産科小児科の医療環境の不便さや子育て・教育費などの負担，仕事の両立がネックとなっている）に対して，夕張市が目指すべき方向性として，「結婚・出産・子育てへの障壁解消により，自然減少を抑制する」としている。具体的には，①子育て支援策の充実だけでなく，仕事・医療等の施策展開により，子どもを生み，育てる環境を改善，②合計特殊出生率を2040年に1.93とすることを目指す，としている。

　また，「地方版総合戦略」では，夕張市の5つの戦略を掲げ，それぞれのアクションプランを立案している。概要は以下の通りである。

【戦略1】若者の定住と子育て
- 「住宅不足の解消」による社会減少の抑制と，「子育て環境の充実」による自然減少の抑制という，大きく2点に分けて展開する。……数値目標〜40歳の市内移住（年間）……40人
- 若年層・女性向け低家賃賃貸住宅の整備……数値目標40戸建設
- 子育て支援センターの整備による子育て支援体制の強化

【戦略2】新たな人の流れ・交流人口の創出
- 地域で活動する人材「活動人口」と，まちづくりに多様な関わりをもってくれる人材「関わり人口」を増やすことで，住民基本台帳上の人口を補充し，地域を豊かにするための人材を確保する。……数値目標・観光客数70万人，宿泊客数11万人，関わり人口1,000人
- 「活動人口」と「関わり人口」を繋ぐ地域交流プラットフォームづくり

- みんなの力でつくる「石炭博物館再生プロジェクト」……数値目標　入館者3万人

【戦略3】地域資源を活用した働く場づくり

- 地域創発型の仕事づくりや，働く側の都合に配慮した「働き方」を産業連携により創出する。……数値目標　高齢者や子育てママ資格取得5人，ズリ山事業関連雇用10人，CBM関連雇用10人，障がい者の就労の場20人，農業粗生産額24億円
- 高齢者や子育てママが働きたいと思う仕事づくり
- 農業者，農協，市の連携による産地力強化

【戦略4】夕張の未来を創るプロジェクト

- 地域に誇りを持ち，地域の未来を語ることのできる人材の育成を，幼稚園・保育園から高校まで連携して実施する。また，外との交流による「知恵」の修得や地域外との交流を促進する。……数値目標　郷土愛教育満足度80％，夕張高校への進学希望者率70％
- 課題から希望を創る高校魅力化プロジェクト……夕張高校への入学者数40人
- 石炭産業の歴史と文化映像化・語りべ育成事業……語りべ20名

【戦略5】持続可能なまちづくり（コンパクト化・拠点形成）

- 「安心して幸せに暮らせるコンパクトシティゆうばり」の実現を目指す。……数値目標　南北軸への新規住居創出100戸，交通結節点の構築1
- 都市拠点機能の整備によるコンパクトシティの推進
- 補てん型から利用型の公共交通体系の構築（交通結節点整備・デマンド交通）

# 4 —— 現在のユニバーサルサービス水準を維持させるための政策提言

## 4.1　「コンセプト郵便局」の創設

　現在の郵政事業におけるユニバーサルサービスの水準を将来的に維持・発展

させるためには，現状の郵政事業を取り巻く政策では不可能になる恐れがある。逆に，ユニバーサルサービス水準を下げることによって，経営的収支を整える議論が台頭することも予想される。事実，祝日の郵便配達を取りやめ週5日配達にして，サービス水準を切り下げる議論が活発化して来ている。

　現在のユニバーサルサービス水準を守り続けたうえで収益を確保し続けるためには，①新規事業の確保・発展を目指すか，②過疎地域の人口密度の低い郵便局の高度利用・効率化で，その両面を前面に掲げた経営戦略が不可欠である。

　過疎地域に存在する郵便局の高度化・効率化を目指す視点は，その地域が持っている特性を最大限利用することである。その地域の活性化のために貢献する視点である。

　そのためには，過疎地域に存在する郵便局は，地域特性に即した事業展開に収益構造を移行すべきである。郵便局では，郵便，貯金，保険の3つの事業を展開するという視点から脱却し，その地域にマッチングしたビジネスに特化した「コンセプト郵便局」になるべきである。このコンセプト局は，過疎地域にある郵便局の地域特性に合ったビジネス展開を行うという意味においての「コンセプト」である。各地域にある郵便局長は自分自身の郵便局の特性を十分に理解している。その郵便局長に手を挙げていただいて，「コンセプト局」に特化することを提案する。

## 4.2　全国一律サービスの見直し

　地域のさまざまな課題に地域住民が主体となり，ビジネス手法を用いてその課題解決をはかる「コミュニティ・ビジネス」が全国に広がりつつある。利益至上主義のみでなく，やりがいや地域活性化等を目的としたビジネスとして地域創生を実現しなければならない。郵便局は地域密着性と全国ネットワークの2つの特質を併せ持つ上場企業として，多様なビジネス機会を創出することが可能である。また，パブリックな面での事業としても信頼性は高く，行政やNPO等との協働を通して地域社会に貢献できるビジネスモデルを構築していくことが重要である。

172

　また，我が国はICTインフラの基盤整備では世界の最先端を走っているが，住民票等の公的証明書類や電子申請などの電子行政サービスはまだ遅れている面が多々あるのが現実である。電子申請の際に必要となる本人確認などのセキュリティーは整備されつつあり，今後，高齢化や過疎化の政策対応として身近な郵便局が自治体との連携で電子行政サービスの一翼を担える可能性が大きくなってきている。また，全国津々浦々に展開する郵便局ネットワークを通じてワンストップ行政サービスを実現することは国民の利便性からみても有益であると考える。

　近年，郵便局は国営企業から民間企業，そして上場企業へとその法的制度は大きく変わったが，それに伴って事業の自由度は高まりつつある。郵便局で提供可能なサービスの種類や内容や範囲が広がりつつある。一方，自治体の行政サービスも少子高齢化，地方財政の逼迫化により，民間へのアウトソーシングが少しずつであるが可能となり，その担い手は多様化してきている。郵便局も自ら積極的に自治体との連携サービスを追求していくべきである。また，そのための組織体制，インフラ整備の見直しが必要である。

　全国一律サービスを見直し，地域に密着した地域ビジネスに特化した「コンセプト局」をつくり，地方活性化の拠点として始動すべきである。地方には，郵便・貯金・簡保の３事業のみでは立ち行かない郵便局が存在し，今後の少子高齢化で一段と増加することが予想される。各郵便局ごとの地域特性に沿って郵便局改革が必要である。

　以下，その視点で特化すべき「コンセプト郵便局」の内容である。

## 4.3　行政サービスに特化した郵便局

　少子高齢化が進み消滅地方自治体が叫ばれる中，行政サービスの広域化が不可欠な状況になってきている。その広域化する行政サービスの補完ならびに自治体業務効率化のアウトソーシングの受け皿として，郵便局をその中核に据えるべきである。郵便局が自治体の支所・出張所業務の一部もしくは全部を包括的に受託できる仕組みを構築することで，郵便局が地域行政に貢献し，地方創

第7章　郵政事業による地方創生 | 173

生に貢献できるものと考える。

　これまでも郵便局は，自治体の各種証明書の交付や販売事務等の窓口業務を一部行ってきた実績がある。しかし，その内容は限定的であり，さまざまな課題もあった。そこで，地方創生の視点に立ち，地域にとって有益かつ郵便局で提供できる行政サービスを郵便局 24,000 ネットワークで提供できれば，郵便局が地方自治体の役割の一部を担うことで，住民サービスの向上や自治体の効率化に貢献できると考える。その対象に想定できるサービスとしては，①各種証明書，②販売業務（ごみ処理券，商品券等），③交付事務，④住民異動届の受付・引渡し，⑤戸籍の届出の受付・引渡し，⑥国民健康保険関係の業務，⑦介護保険関係の業務，⑧自治体行政等の集落支援事業，⑨地域住民からの行政相談，⑩地方税等の集金業務，⑪買い物代行や配食サービス，などである。

　地域自治体との提携を模索できる可能性がある地域の郵便局は，上記の「行政サービスに特化した郵便局」としてのコンセプト局になることが必要である。

## 4.4　自治体施設との共同化に特化した郵便局

　郵便局が自治体の支所・出張所などの施設との共同施設化を行うものである。郵便局と自治体施設の両者が相互に補完しつつ地域住民にサービスを提供することにより，地域住民・自治体・郵便局の三者に有益な地域拠点モデルが実現するものと考える。

　少子高齢化に伴う行政の広域化や，財政難を背景に自治体の支所・出張所の統廃合が相次いでいる。支所や郵便局の空スペースの有効活用や合築しての共同施設化は，行政サービスを維持しつつ効率化を図るという意味で有益であり，地方創生としてのメリットは大きいものと考える。

　自治体の支所・出張所などの施設との共同施設化が模索できる可能性がある郵便局は，「自治体施設との共同化に特化した」コンセプト局になることができる。

## 4.5　少子高齢化社会の対応に特化した郵便局

　郵便局は，これまでも高齢者宅への安否確認を行う「ひまわりサービス」等の訪問業務を実施してきた実績と経験がある。これまで培ってきた地域からの郵便局の信頼をベースに日本郵政グループ各社が連携することにより，地域社会において新たなサービスの展開が可能であると考える。

　日本郵政グループの外務職員の集配・金融ノウハウやサービス網を活用して自治体や社会福祉協議会等と連携することにより，①収納代行サービス（各種公金の集金），②決済代行サービス（公金のクレジット決済の勧奨など），③ロジスティックサービス（買い物代行サービス，配食サービス，高付加価値のひまわりサービス，御用聞きサービス等），が展開できる。

　過疎地域にある郵便局は，このコンセプト郵便局になることが望まれる。


## 4.6　地域活性化ビジネスに特化した郵便局

　各地の地域活性化への取り組みの中で，郵便局の持つ「郵便・物流」，「送金・決済」，「物販代行」機能を駆使し，コミュニティビジネス事業者を総合的にサポートすることで，郵便局が地域産業の活性化に貢献できるものと考える。

　郵便局による積極的な地域活性化への支援策として，「地域おこし」に取り組む生産者組合や企業，NPO等を対象に郵便局が持つ上記の３つの機能を総合的に組み合わせた「地域活性化ビジネス」を提供することができる。また，地域活性化を目的としたベンチャーキャピタルの設立や小口融資業務等の直接金融サービスの提供も有益であると考える。


## 4.7　コンセプト局郵便をバックアップするポータルサイトの創設

　地域特性に即したそれぞれのコンセプト郵便局をバックアップするシステムとして，新たなポータルサイトの創設を提案する。

　全国約1,700の自治体やコミュニティビジネス（地域活性化に取り組む企業，生産者，NPO等）が参加した「ポータルサイト」を構築し，インターネットと全国24,000の郵便局窓口ネットワークとを連動させることで，地域をキーと

した物流・情報の新たな流れをつくることができ，地域振興を目的とした新たな市場をつくることが可能であると考える。

　このポータルサイトには，①ニュース（地方局の TV・ラジオニュース，ピックス等の地元ニュース，等），②イベント情報（祭り情報，花見情報，花火情報，スポーツ情報，講演会，コンサート等の各種レジャー情報，等），③地域スポーツ情報（学生やアマチュアスポーツや地域リーグ情報，等），④観光情報（観光名所紹介，ドライブプランの提供，ツアー申込み，観光マップのダウンロード，等），⑤旅行情報（各種ツアーの募集，宿泊予約受付，等），⑥グルメ情報（郷土料理店検索，お取り寄せ，各地のグルメマップのダウンロード，等），⑦特産品情報（各地域の特産品の紹介，お取り寄せ，都道府県のアンテナショップの紹介，等），⑧まちおこし情報（自治体や NPO の活動，コミュニティビジネス事業者の紹介や，人材募集，開発商品の受注，等），⑨ボランティア情報（NPO の活動紹介や，人材募集，等），⑩Uターン・Iターン情報（自治体の受け入れ態勢や空き家情報等の紹介や，問合せの受付，等），⑪お見合い情報（自治体主催等の結婚情報，等），⑫自治体行政情報（各種行政情報の告知，各種提言の募集，職員募集の告知，等），⑬ふるさと納税（寄付金の受付，等），⑭各種証明書交付申請（サイトを利用して，全国の自治体への申請を仲介，等），⑮各種相談予約（年金，医療，福祉等の専門家による相談の予約等），で構成される。

　このサイトは，団塊の世代以上の方々にも安心して利用いただけるような画面構成とし，くわえて観光庁の取り組みとも連携し，海外からのアクセスにも対応できるように多言語による情報提供も実施するものとする。

　すなわち，すべての自治体の商工観光課や観光協会業務の一部を郵便局ネットワークで提供することにより，地域活性化の核の１つに郵便局がなることができると考える。

### 参考文献

JP 総合研究所（2018）「創業 150 年を見据えた事業の再構築」『郵政事業の未来構想研究会　報告書』。

JP 総合研究所（2014)「株式上場と金融 2 社の成長戦略を考える」『株式上場・企業価値向上に向けた金融 2 社のあり方研究会　報告書』。

日本郵政株式会社（2013)『有価証券報告書総覧』。

JP 総合研究所（2016)「地域と共に歩む郵便局をめざして」『人口減時代に向かう地域社会と郵便局のあり方研究会　報告書』。

## 第 8 章

# 地域発グローバル化の地方創生

## 1 ── コミュニティ主役の地方創生

　人口減少，高齢化問題が日本経済・社会にのしかかっている。人口流出に悩む地域社会は，若者を呼び寄せ，高齢者に元気を与える手段を必要としている。しかし，第1章で述べたように，政府もこれまで手をこまねいてきたわけではなく，さまざまな地方創生政策を試みてきた。第3の矢であった成長戦略（日本再興戦略），「一億総活躍社会」の実現を目指す「新三本の矢」，地方創生を推進する「まち・ひと・しごと創生方針2015 −ローカル・アベノミクスの実現に向けて−」や，ヒューマン（地方へのひとの流れの創出，人材支援），デジタル（地方におけるデジタル・トランスフォーメーション），グリーン（脱炭素社会の実現）に視点を合わせた地方創生政策「まち・ひと・しごと創生方針2021」などにもかかわらず，なぜ，地方創生が達成されなかったのであろうか。

　本章の目的は，ポストコロナの地方創生をコミュニティビジネスの活性化，特にグローバル化に求めることにある。

　基本的に，政府の政策が地域の主役である市民（住民）とコミュニティに正確に伝わることなく，地方創生に向かう意欲を十分に高めることができなかったことが地方創生を遅らせたのではないのだろうか。しかし，コミュニティの中では，農業体験，ウォーキング，伝統的芸能体験，交流型まちおこし，医療ツーリズム，ヘルスツーリズムが人々の関心を集めつつある。また，酒類や陶器の輸出それに心なし研削盤（センタレスグラインダ）のミクロン精密株式会

社，GAGG シンチレータの株式会社 C & A，半導体製造排ガス除害装置のカンケンテクノ株式会社，眼科ナイフのマニー株式会社など各業種のグローバルニッチトップ（GNT）企業がグローバル展開に成果を収めつつある。これらの製品は行政依存型のプランでも大企業のプランでもない。コミュニティビジネス自体が成し遂げた製品である[1]。ここに，地域発グローバリゼーションの灯がともることになる。

　コミュニティビジネスには，中小企業・小規模事業（農林漁業を含む），ベンチャービジネス，スタートアップ企業など営利型コミュニティビジネスと，医療・介護，子育て・教育，環境保全事業などの非営利型コミュニティビジネス（ソーシャルビジネス）があるが，以下，**第2節**において，双方のビジネスを重視する理由を，収穫逓増効果と政府の支援を中心に論じる。

　**第3節**で，コミュニティビジネスが成し遂げたグローバル化の成功例を取り上げた後で，弱点である資金調達にどのように対応しているのか，その方法を考察する。そして，**第4節**において，目覚ましい伸長を遂げてきた ESG 投資をさらに促進するため，ESG 投資に内在する非財務情報をどのように基準化するかについて考察する。最後に，地方創生への希望を寄せながら，若干の提案を行うことにする。

# 2 ── なぜ，コミュニティビジネスなのか

## 2. 1　社会環境の変化と政府の支援

　地域を基盤とするコミュニティビジネスが地域経済の牽引車であると考えることができる。その理由は，コミュニティビジネスが共感を覚える有志による運営のため，情報の非対称性が少なく，住民を主役とする自治体・市民団体との連携を効果的に進める可能性を有しているからである。その結果，固定費を低く抑えることもできる。すなわち，コミュニティにおける日常のコミュニケーションがアイデアと技術革新を呼び，収穫逓増現象を引き起こし，住民の自主的，積極的な労働を促すと共に，高齢者の知識や貯蓄を活用，生き甲斐の

あるコミュニティ構築の可能性を見込むことができると思われるからである。

　事実，雇用の拡大を実現する環境変化が生じつつある。第1に，不十分とは言え，ボトムアップ型経済・社会が到来しつつあるように思われる。コミュニティビジネスの弱点は，資金調達の難しさにあるが，それを緩和していた政府の補助金や助成金，政府関係金融機関を通じた資金供給に加えて，地域の金融機関（都市銀行・支店，地方銀行，協同組織金融機関（信用金庫，信用組合，労働金庫，農業協同組合，漁業協同組合）），NPO/NPOバンクの投資資金，市民が直接参加する地方自治体の住民公募地方債，さらに，個人向けコロナ債や市民自身のクラウドファンディングなどが活用され始めている。すなわち，政府，地方自治体，民間金融機関，市民団体などの協業，連携が進展，官から民，民の中では個人の参加が目立つようになっている。

　第2に，地域社会が有する潜在能力が発揮されるようになっている。もともと日常のコミュニケーションを通じて，アイデア，技術革新が生じやすい環境にあったはずであるが，最近，新しい特産品の生産や観光サービスなどの提供が活発化している。さらに，高度な部品産業のニッチ生産が行われるようになり，域内だけでなく海外にも輸出される事例が増えている。地域発グローバル化と地域内での循環が並立する多様化が進展するものと思われる。

　第3に，電子化社会がコミュニティビジネスを活性化する可能性が生じている。インターネットを用いる地域ブランドの再生，新製品の開発・販売によって，収益の獲得を目指す小規模な取引を活性化するものと思われる。地域の人々が親しみやすい環境を整備することで，フィンテック，クラウドファンディングの伸長につれて，市民の直接参加を促す機会が高まることを期待できよう。

　市民主役，協業の共助社会を理想とする本稿は，環境の変化に応じたコミュニティビジネスの活性化に期待を掛けている。それゆえ，経済規制の緩和と共に，その実現に不可欠な市民および投資家の保護を目的とする倫理的規制の強化を重視する。

　まず，コミュニティビジネスの伸張に係った政府の施策を見てみよう。2001

年に閣議決定された「規制改革推進３カ年計画」[2]の基本方針によれば，経済のグローバル化，少子高齢化，情報通信技術革命（IT 革命），環境問題の深刻化等との構造的な環境変化に応じて，経済社会の構造改革を進めることにより，①経済活性化による持続的な経済成長の達成，②透明性が高く公正で信頼できる経済社会の実現，③多様な選択肢が確保された国民生活の実現，④国際的に開かれた経済社会の実現等を図る観点から，行政の各般の分野について計画的に規制改革の積極的かつ抜本的な推進を図ることが目的にされている。

その特徴は，企業や個人の自由な創造性や個性の重視，原則自由な経済的規制と必要最小限度の社会的規制にあった。また，規制改革による需要拡大効果，生産性向上効果，雇用創出効果，物価引き下げ効果を数量的に分析，一定期間後に見直し公表することにあった。

しかし，人々に受け入れられそうなこれらの諸策が人々の共鳴を十分に得られないのは，トップダウン的な印象を人々に与えているためではないのか，すなわち，コミュニティの住民→地方自治体→政府のボトムアップ的な意志伝達経路ではなく，依然として政府→地方自治体→住民（コミュニティ）のトップダウン的な意志伝達経路に留まっているためではないのか。その疑念を払うためには，政策立案過程および施行過程においてアンケート調査や説明会などを通じて住民の意思を，直接，確認する必要がある。市民（住民）⇔コミュニティ⇔地方自治体⇔政府の経路，それに市民（住民）⇔政府の直接的な経路を加えた複線型意志伝達経路の構築が決め手になるのではないのだろうか。

## 2.2　収穫逓増が意味すること

次に，上述の規制改革・基本方針の下に置かれたコミュニティビジネスの収穫逓増型生産がどのように展開するのか，検討してみよう。

本稿がコミュニティビジネスに期待を寄せる理由は，インターネットを通じて新しいコミュニティを形成する可能性が高まり，そこを基盤として生じる収穫逓増型生産の可能性に期待しているからである。

コミュニティにおいて，地域産業の行先に危機感を持った地元の起業家，地

域の有力企業をリタイアした人，さらに新たな発想を持ち込む人など多様な人々が共通した意識のもとで，自主的にオープンに参加できる。また，公共的かつ自立的な精神を持つ参加者が，自らを主人公として，個性を最大限に発揮しながら地域内さらに地域外への発信を行うことが可能であると考えることができる。

　繰り返し述べているように，コミュニティビジネスは，中小企業・小規模事業，ベンチャービジネス，スタートアップ企業，農林漁業のように当初から利益の獲得を目指す事業と，医療・介護，教育，環境関連事業のように当初から利益の獲得を直接的な目的としないソーシャルビジネスによって構成されている。

　しかし，ソーシャルビジネスも政府の補助金などに依存するよりも，少なくとも組織を存続するだけの資金を自ら得ようとする動きが高まっている。特に，医療・介護の場合，収益事業にまで成長する可能性が高い。本章はコミュニティビジネスの潜在力，収穫逓増の可能性に地方創生の原動力を求めることにする。

　これまでの経済モデルを紐解いてみると，新古典派のローマー（Romar, P.）の内生的成長論や内生的発展アプローチを展開するバルケーロ（Antonio Vázquez-Barquero）が収穫逓増論を展開していた[3]。

　ローマーは生産要素としての知識の蓄積を重視するが，個々の企業が蓄積した知識が外部にこぼれ出る（スピルオーバー効果）ことで社会全体の知識を蓄積して，経済成長を達成することを強調している。ローマーは，個々の異なった企業の行動を組み入れたことで，画一的なモデルを構築する伝統的な新古典派モデルと一線を画し，修正新古典派論者とも，内生的成長論者とも呼ばれる。

　しかし，地域の特徴を組み入れているわけではない。ローマーと異なって，バルケーロは，地域の資源も社会組織もそれぞれ異なる以上，付与条件を最大限に活用する多様化した成長パターンが求められるはずであると主張している。すなわち，市民・住民による地域改革の意志と能力がもたらす収穫逓増型の成長パターンが実現することを想定している。

ところが，その後，成長経路が崩壊する姿を幾度ともなく見せつけられている。バブルを招くことなく，安定，充実した日々を楽しむ市民主役の共助社会が存在し得るのであろうか。

共助社会とは，中央政府・地方自治体に依存することなく，しかし個人だけの自助では難しい目的を，市民・住民を主役として NPO・NGO，地域金融機関，企業，地方自治体などすべてのコミュニティ構成者との協業によって解決する社会のことである。

ここでは，共助社会の推進者であるコミュニティビジネスと市場経済を推進する産業ビジネスの視点から，共助社会の意義を論じることにする。筆者は常に収穫逓増の意義を強調するが，収穫逓増現象は共助社会に表れる可能性が高い反面，市場経済では限られた局面にだけ現れると考えている。しかし，伝統的な新古典派経済学では一般的に収穫逓減を想定してきたと考えられるので，収穫逓増と伝統的な収穫逓減の概念の双方を取り上げ，収穫逓減を克服ないし緩和する共助社会とその推進者であるコミュニティビジネスの役割を評価・検討することにする。

**図表8−1**は，収穫逓増と収穫逓減を伴う経済成長経路を表している。縦軸は財・サービス量を，横軸は労働，資本，知識（技術）の投入量を示している。一国の経済・社会は大規模な生産・投資活動の場である産業ビジネスの社会と主に消費と小規模な生産の場であるコミュニティビジネスの社会（共助社会）によって構成されているものと単純化する。

共助社会は，コミュニティビジネスによって牽引されているが，①消費活動が主であって生産活動の水準が低い生産活動準備期（O〜A），②コミュニティビジネスが収穫逓増の生産を行う時期（A〜B），③さらに生産は活発化するものの，若干ではあるが収穫逓減が始まる時期（B〜C），これら3つの領域によって構成される。一方，市場経済社会の牽引者は産業ビジネス（市場を基盤とするビジネス）である。生産量はコミュニティビジネスの水準を超えて拡大するものの，基本的に収穫逓減期（C〜D）と投機活動期（D〜E）の領域によって構成される。

### 図表 8-1　コミュニティビジネスと産業ビジネス

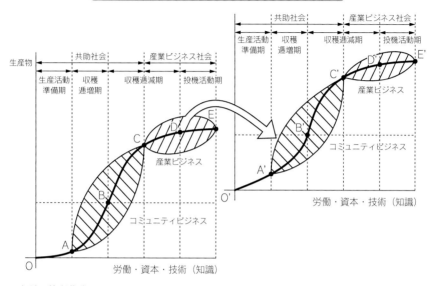

出所：筆者作成。

　図表 8-1 の O 点は生産活動が始まる時点，A 点は収穫逓増生産が始まる時点，B 点は生産物を市場で販売し始めるが，収穫逓増から逓減への転換時点（市場化点），C 点は収穫逓減の程度が高まる時点，D 点はさらに収穫逓減の程度が高まり生産利益率が減少するため，資金が投機活動に向けられがちになり，やがてバブルを醸成していく時点である。E 点は，バブル崩壊時点である。

　本稿のねらいは，収穫逓減の程度が強まり過度に投機に向けられる資金，特に D 点を超える領域に注がれる資金を，図表 8-1 のように，これまでの生産方式を技術や組織の革新を通じて，A'〜B' の収穫逓増期を迎えようとしている国内外のコミュニティに人材や資金を投入することにある。要するに，ほとんど収益が上がらなくなった産業ビジネスから将来的に生産が伸びそうな新しいコミュニティビジネスに資金を振り向け，社会全体の生産量を押し上げることにある。資金のこの振り分けが，共助社会だけでなく市場経済の生産水準を高め A〜E を辿る生産曲線の代わりに，それを超える A'E' を辿る生産曲線を

出現させることになる。

　この効果を，コミュニティビジネス（共助の社会）と産業ビジネス（市場経済の社会）の資金の流れから改めて問い直してみよう。

　共助社会も収穫逓増と逓減の2つの側面を持っているが，コミュニティビジネスの規模が拡大，本格的に市場化した後でも収穫逓減の程度は低く，資金面においても投機的な活動はそれほど生じない。共助社会において収穫逓増現象が生じやすいと考える理由は，中小企業・小規模事業（マイクロビジネス），個人が主要なプレーヤーであるため，固定費が低く抑えられること，またコスト構造が柔軟なためイノベーションを生みやすいことによる。

　加えて，共助社会では，特にスタート時において，自己資金ないし後述のマイクロファイナンスを主な資金源にしているからである。共助社会も市場経済の社会も貨幣が交換を目的とする通貨として使用されていることでは共通している。しかし，共助社会に比べ，市場経済の社会では資金としての使用が多くなる。市場経済の社会において金融投資が増える場合には，実物資産の増加に比べて金融資産の増加率が高まり，金融資産／実物資産比率を高めることになる。ところが，金融資産が増加しても収益が逓減する状況が続く場合，さらに金融資産への投資が行われたとしても収益率は低くならざるを得ない。特に，資金が負債で調達される場合には，収益が低くなる。すなわち，共助社会と異なって，市場経済の社会では自己資金に加えて負債（レバレッジ）の使用が多くなりがちであるが，この負債依存度が収益率に負の影響を及ぼすことになる。

　本稿のねらいは，収穫逓減の程度が強まり過度に投機に向けられる資金，特にD点を超える領域に注がれる資金を，国内外の他のコミュニティに存在する生産曲線上のA'～C'の期間とりわけA'～B'の収穫逓増期に投入することにある。要するに，ほとんど収益が上がらなくなった状況に達した産業ビジネスから将来的に生産が伸びそうな新しいコミュニティ分野に資金を振り向け，社会全体の生産量を押し上げることにある。この資金の振り分けが，共助社会だけでなく市場経済社会の生産水準も高め，A～Eを辿る生産曲線を代えて，A'

第8章 地域発グローバル化の地方創生 | 185

〜E'を辿る生産曲線を出現させることになる。

実際，バブル崩壊点への到達を妨げる共助社会の構築とそれを支える金融システム構築の必要性を痛感せざるを得なくなる。具体的には，A'〜C' の期間とりわけ A'〜B' への投資が有効な手段と思われる。すなわち，自国のコミュニティ内での循環投資か，他国のコミュニティへのグローバルな投資が望まれることになる。本稿は，地域発グローバル化投資を理想としている。

ただし，技術（知識）を革新する企業が継続的に成長を続け，社会全体に貢献したとしても，その行為が報われるとは限らない。その場合，新しい技術を開発した企業に対して，補助金を給付するなど政府の補助金政策によって，私的限界生産性と社会的限界生産性の差額を埋め合わせる必要性が生じる。政府の補助金もその一助となるが，民間資金自体の移動が生じるならば，循環型経済の持続可能性を高めることになる。本稿が共助社会を重視している理由は，民間資金の有効活用を重視しているためでもある。

# 3 —— 地域密着型グローバル化

## 3.1　グローバル化の成功例

図表8−1の収穫逓減の程度を高め，バブル醸成・崩壊に誘うことなく，国内外のコミュニティの逓増領域に資源を移す政策が望まれる。具体的に，政府によるコミュニティビジネスの支援政策を，コミュニティビジネスの中核である中小企業を対象として見てみよう。

中小企業成長促進法（中小企業の事業承継の促進のための中小企業における経営の承継の円滑化に関する法律等の一部を改正する法律）が，2020 年 10 月に施行された[4]。その目的は，①中小企業の事業承継時の経営者保証の解除（経営承継円滑化法），②経営革新・経営力向上企業における成長促進等（経営強化法），③地域経済を牽引する企業における成長促進等の手段（地域未来法）を通じて，企業の存続を支援することにあった。そして，中小企業者特例による中堅企業に成長するための環境整備，異分野連携新事業分野開拓計画等の整理・統

合による各種計画制度の利便性の向上，中小企業の外国関係法人等に対する支援措置の拡充を行うことであった。

　国内外においてコミュニティビジネス活発化の様相を見せている。前述したように経済産業省の「2020年版グローバルニッチトップ企業100選」の背景は，①デジタル経済の進展，②世界の政治経済情勢の変動，また③少子高齢化の社会構造変化の中で，ニッチ分野で差別化を行い高い実績を上げるのに成功している企業群を示している。

　その他にも，コミュニティ内の協業の結果，グローバル化に成功しているプロジェクトが数多い。営利型コミュニティビジネスの事例として，「鹿島酒蔵ツーリズム」と「土とのかかわりを軸に観光資源の再定義に挑む益子町」の事例を取り上げてみよう[5]。

　まず，祐徳稲荷神社と干潟が著名な鹿島市の福久千代酒蔵は，佐賀の水，米による酒，テロワールを販売，地道に酒造りに取り組んできた酒蔵である。その酒蔵が，2011年，「鍋島/大吟醸」で鹿島IWC「酒」部門のチャンピオン・サケを受賞，一躍，世界的に注目されることになった。この機会に，鹿島のすべての酒蔵6軒，それに佐賀県の酒蔵組合，県，市，マスコミが協業して，鹿島の地域振興を願い，鹿島酒蔵ツーリズム推進協議会を立ち上げた。

　その背景に長崎新幹線の建設計画があった。肥前鹿島駅が通過駅にされるだけでなく，在来線の特急が大幅に削減されるという危機感が迫っていた。これを起爆剤として地域振興に役立てるべく協議会が立ち上げられたが，まちづくりを視野に置いた試みには，2007年に設立された日本酒の酒蔵青年団体からなる「日本酒蔵青年協議会」が結成した団体・酒サムライが関わっている。その後，鹿島市の飲食店開催の「はしご酒」イベントや姫野温泉や太良竹埼温泉などに，協議会の取り組みの輪が拡がっている。

　次に，「土とのかかわり」を軸に観光資源の再定義に挑む益子町のケースを見てみよう。栃木県芳賀郡益子町は，1966年，共販センターを中心に日用品の販売を始め，次第に拡大，1970年に町が主催になって，現在では年に2回，催されるようになっている。しかし，洋風化の進展に伴って益子焼の売れ

行きが停滞するようになった時点で，人間国宝濱田庄司氏が民芸運動を開始，益子焼が全国で知れ渡るようになった。さらに，新たな技法で知られる現代陶芸家守田章二氏の参加が国内外の陶芸家を引き付け，益子町を陶芸の一大産地に押し上げた。鬼怒川温泉など県内温泉地への団体客にも益子焼を販売するようになった。ところが，リーマンショックの影響や，団体旅行そのものが下火になり始めたため，アート作品を展示する益子再生のイベント「土祭り」など市と町民一体の企画が益子町を活性化し続けている。上述の2件の地方再生の試みは，地域のリーダー，市民（住民）が地元の資源を最大限に活用，協業する典型的な成功例である。

　2017年に施行された地域未来投資促進法も，地域の特性を活用した事業が生み出す経済的効果に着目，それを最大化しようとする自治体を支援する目的を持っていた[6]。そして，2019年末までに1,982件の地域経済促進計画が承認された。促進された分野は，ものづくり企業の医療機器産業参入，航空機部品の共同受注，バイオ・新素材分野の実用化など，ものづくりが最も多く190件であった。

　承認された事例の1つは，北海道旭川市基本計画に沿った（株）カンディハウスである。

　そのプランは，豊富な森林材料を背景として原材料を地域から調達し，旭川家具の新商品開発と海外販売改革を実施するものである。まさしく，地域グローバル化をイメージさせるプランと言えよう。


　同様に，ソーシャルビジネスサイドにおいても，グローバル化が進展しており，観光と高度な医療の組み合わせも実施されている。ソーシャルビジネスとは言え，仮に公立病院を例にとっても[7]，持続的に地方創生に貢献するためには，少なくとも組織を存続するだけの収益の獲得が望まれる。そこで，収益を高めるか，諸経費の削減が必要になる。カルテのデジタル化などを通じ，病院の経費を削減する手段が考えられるが，医療品，給食材料費，医療消耗器具備品などの材料費，給与，賞与などの給与費，さらに設備関係費，研究研修費な

どの費用項目の削減は容易とは考えられない。

　それだけに，収益の向上が必要になる。本稿は，観光との組み合わせ，すなわち医療ツーリズムとヘルスツーリズムに期待を掛けている。2017 年 3 月に閣議決定した地方創生を柱とする観光立国推進基本計画はエコツーリズムおよびヘルスツーリズムの推進を目的に含めていたが[8]，前者は自然観光資源の適切な利用を促進，新たな観光需要を掘り起こすとともに，持続可能な観光を求めるものである。後者は，自然豊かな地域を訪れ，その地での自然そして温泉や身体にやさしい料理を味わいながら健康を回復・増進・保持する新しい形態である。長期滞在型観光にもつながるプランであり，自治体やコミュニティビジネスとも連帯して取り組みを進めるプロジェクトである。

　しかし，エコツーリズムのケースにおいて，観光と高度な医療を組み合わせた成功例が見られるようになっている。例えば，獨協医科大学日光医療センターが，地域への社会的貢献と保健医療への貢献を柱に，温泉地元ホテルと連携した人間ドックを 2007 年から開始している。大型放射線機器など最新鋭装置を備え，電子カルテシステムを活用する医療体制と，世界遺産に登録されている日光東照宮それに鬼怒川温泉を活用する医療が実施されている[9]。

　他方，ヘルスツーリズムは，NPO ヘルスツーリズム機構によって，「すべての人に対して，科学的根拠に基づき健康増進・維持・回復・疾病予防に寄与する」ものと定義されているが，ヘルスツーリズム業界参入者には，医療・介護関係者，公的保険外の運動・栄養・保険サービス等事業者，異業種事業者の 3 つの類型がある[10]。

　3 つの類型は，①「まちに健康ブームを起こす健康教室事業」を起こしている医療・介護関係者の「（株）The Balance（診療所）」，②「医療保険者向けデータヘルス支援サービス事業」を起こしている「（株）データホライズン，（株）DPP ヘルスパートナーズ」，③「健診受講者対策をサポートする自宅でできる血液検査サービス事業」を起こしている異業種の「KDD2020 年（株）（通信事業）」のことである。こうした主体が，ヘルスツーリズムの普及を促進していくものと思われる。

第 8 章　地域発グローバル化の地方創生 ┃ 189

　さらに，JCI 認定という積極的なグローバル化が進展している[11]。JCI は医療の質と患者の安全性を国際的に審査する機関である。JCI の認定プログラムには，病院，大学医療センター，外来診察，臨床検査，在宅ケア，長期ケア，医療搬送機関，プライマリーケアセンターがあるが，2009 年 8 月，医療法人鉄蕉会 亀田メディカルセンターが，病院プログラムにおいて，日本で最初のJCI（Joint Commission International）の認証を受けた。その後，NTT 東日本関東病院（病院プログラム）や医療法人社団愛優会・介護老人保健施設老健リハビリよこはま（長期ケアプログラム）が JCI 認定を受けるなど，2021 年 2 月 15日時点で，34 の医療機関が認証を得ている。認証の獲得は信用を高め，医療のグローバル化に繋がることになる。

## 3.2　資金調達の型

### 3.2.1　身近な資金チャンネル

　コミュニティビジネスを活性化する条件は，イノベーションの出現，専門家とコミュニティ事業のリーダー，それに事業資金である。しかし，小規模なコミュニティビジネス，特にソーシャルビジネスの場合，資金調達に悩むことが多いものと推測できる。しかし，前述のグローバルニッチトップ（GNT）企業，医療ツーリズム，ヘルスツーリズム，JCI 認証獲得，日本酒・陶器・家具などの輸出の事例が示唆するように，グローバル化に伴って，資金調達も改善されていくものと思われる。

　資金の源泉は，自己資金，寄付金，会費，政府の補助金・助成金，また政府・自治体の制度融資を通じて供給されてきた資金を，住民参加型公募地方債，民間金融機関の貸出，マイクロファイナンス，社会投資ファンド，NPO・NPO バンク経由の貸出，社債・私募債，P2P レンディング，小規模私募債，コミュニティファンド（市民ファンド）を通じて補完，多様化しつつある[12]。ただし，営利型コミュニティビジネスとソーシャルビジネスの間で異なる側面がある。例えば，営利型コミュニティビジネスが寄付，会費による資金調達が認められていないのに対して，ソーシャルビジネスは認められている。逆に，

営利型コミュニティビジネスが出資，社債・私募債による資金調達を認められているのと反対に，ソーシャルビジネスは認められていない。

　これらの資金調達手段の中で，小規模およびスタートアップ間もないコミュニティビジネスにとって，営利型であっても非営利型であっても，マイクロファイナンスが特に重要である。と言うのも，マイクロファイナンスはもともと低所得層を対象として，小口の融資や貯蓄などのサービスを担当する小規模金融であり，社会投資ファンドと共にソーシャルビジネスを支える役割を果たしているからである[13]。

　今日，マイクロファイナンスを扱う金融には，①友人・親族・金貸業者のインフォーマル金融，②NPOおよびNPOバンク（北海道NPOバンクや東京コミュニティバンクなど）に象徴されるセミフォーマル機関，③協同組織金融機関（信用金庫，信用組合，労働金庫，農業協同組合，漁業協同組合，森林組合），商業銀行，開発銀行などのフォーマル金融機関が含まれる。例えば，商業銀行にも，マイクロファイナンスを志向するタイプとマイクロファイナンスに感応するタイプがある。前者はもっぱら中小企業と小規模事業に融資する金融機関であって，小規模かつ地方に根差した銀行という特徴を有している。他方，後者は，マイクロファイナンスを魅力的な事業とみなす大手銀行，金融機関であるが，小さな事業を対象とするのにもかかわらず，マイクロファイナンス部門に関心を寄せ，参入を決めた銀行である。

　従来，銀行部門は，個人向け信用がリスキーであるだけでなく，小口の貸出コストが高くなるため，マイクロファイナンスを敬遠しがちであった。しかし，マイクロファイナンス・プログラムのアレンジャーやプロモーターを担当することで収益獲得の可能性が高まるのにつれ，マイクロファイナンスに参入するようになった。

　実際，マイクロファイナンスに潜在する取引コストや情報の非対称性克服の可能性，小規模企業経営者の貯蓄能力および自助的な組織形成能力に着目して，マイクロファイナンス事業の立ち上げが活発化している。それゆえ，自助，共助的な成長の重要性がクローズアップされるようになっている。

第8章 地域発グローバル化の地方創生 | 191

しかし，活動条件が整って資金調達が可能となる場合，どのような種類の資金によってまかなわれているのであろうか。ソーシャルビジネスの資金の源泉は，繰り返し述べてきたように，自己資金の他，寄付，会費，補助金・助成金，マイクロファイナンス，官民ファンド，住民公募地方債，市民（コミュニティ）ファンド，民間金融機関・融資，クラウドファンディング（寄付・購入型），ESG債（コロナ債，個人向けコロナ債を含む）であり，設備および運転資金として使用される。

しかし，市場で利益を収めるほど事業が拡大すると，ソーシャルビジネスの資金調達の形態は多様化，営利型コミュニティビジネスの資金調達の方法に近づく。すなわち，私募債（少人数私募債を含む），P2Pレンディング，クラウドファンディング（貸付型，株式型，不動産型，ファンド型），ESG債（サステナビリティ債など）が本格的に加わることになる。

### 3.2.2 政府・地方自治体主導型資金チャンネル

#### (1) 株式会社地域経済活性化支援機構（REVIC）

政府も中小企業・小規模事業，ベンチャービジネス，スタートアップ企業の雇用・資金繰りと医療体制の強化を重視している。地域経済活性化を兼ねた新型コロナウイルス感染症対応地方創生臨時交付金が，その例である。

ところが，この環境下においても，なお，ウイルス検査体制，ワクチン開発・治療が遅れていただけでなく，医療・介護関係の人財不足や経営悪化が十分に解決されたとは言い難い状況にあった。そこで，効果的な政府支援を実現するために，資金面においても，政府省庁間の調整，それに地域の実情に詳しい自治体，研究機関，金融機関，企業，住民との効率的な協業が切望されることになる。

コミュニティビジネスの資金調達のチャンネルはさまざまであるが，まず，政府主導型を代表する官民ファンドと住民の意思を重視する住民参加型市場公募地方債（住民債）を取り上げることにする。

最初に，官民ファンドを見てみよう。地域に密着した産業の興隆とグローバ

ル展開への期待が高まっているが，官民ファンドが呼び水的な役割を果たすものと思われる。政府の出資を中心にしながら，民間の出資も加わる官民ファンドは，民間がとることが難しいリスクマネーの供給を通じて，地域活性化，新たな産業市場の創設を目指している。

　2023年1月末時点で株式会社農林漁業成長支援機構や株式会社産業革新機構など13ファンドが存在しているが，地方創生に最も深くかかわっているのが，2013年3月設立の株式会社地域経済活性化支援機構（REVIC）である[14]。

　REVICは，地域の成長支援，再生支援，人財支援等を実施しているが，ファンドの対象は，観光産業支援，ヘルスケア産業支援，地域中核企業支援，ベンチャー・成長企業支援，災害復興・成長支援である。

　このうち，ヘルスケア産業支援ファンドは，高齢社会に対応すべく，成長資金の供給，役員派遣・経営支援を通じた地域の包括ケアと医療・ヘルスケア産業の振興を目的にしている。そこには，全国ファンドと，地域別ファンドの2種類のファンドが使われる。例えば，全国ファンドの場合，みずほ銀行のほか地方銀行が組合員を構成して，金額100億円のファンドが2014年9月に設立されている。一方，地域別ファンドの場合，製造業の医療展開を軸とする群馬県の産業育成推進の流れの中で，「ぐんま医工連携活性化投資事業有限責任組合」が，2014年11月，金額8.6億円のファンドを設立している。なお，組合員は地方銀行，信用組合，REVICなどで構成されている。いずれも，リスクマネーの提供，人材・経営面の支援・助言を行うことで，産業，大学，自治体・国，金融機関連携のモデルケースの創出を目指している。

　上述のように，官民ファンドと地域金融機関の連携が実施されていることは確かである。地域金融機関とりわけ信用金庫，信用組合などの協同組織金融機関は地域を基盤としているだけに，情報の非対称性を比較的容易に克服する強みを持っているはずである。しかし，今日のように地域が人口減少やネットワーク不足問題に直面しているだけに，有望な中小・小規模事業などコミュニティビジネスを育てる必要に迫られている。そのため，経済自由化とグローバル化を通して国際競争力を高めると共に，市民の生活を守る社会的規制の強化

が必要になる。そこで，設備投資資金を REVIC が，運転資金を協同組織金融機関が担当する方法が望まれることになる。

## (2) 住民参加型市場公募地方債

　地方債の個人消化および自治体の資金調達手段の多様化と住民の行政への参加意識の高揚を目的として，2002 年 3 月から発行されている。住民債は，地方債の個人消化および自治体の資金調達部の多様化と住民の行政への参加意識を目的として，2002 年 3 月から発行されている。群馬県が発行した「愛県債」が第 1 号案件であった。

　最近の事例では，2023 年 5 月，福島県が発行した，ふくしまの復興・創生に向けた，県立農業短期大学や社会福祉関係施設，復興道路の整備等を目的とする 5 年満期，応募者利回り 0.28％，発行額 15 億円の「第 5 回ふくしま復興・創生県民債」や同年 7 月，神戸市が発行した，里山活性化事業，生物多様性，気候変動への対応，効率的なエネルギーを対象とした 5 年満期，応募者利回り 0.24％，発行額 25 億円の「神戸市令和 5 年度こうべ SDGs 市民債」などがある[15]。

　しかし，全国の発行額は 2005 年度をピークとして，その後伸び悩んでいる。ちなみに，年度別の総額は 2005 年度の 3,445 億 1,880 万円から 2021 年度の 156 億円へと減少している。その背景に，①金融商品としての魅力が乏しくなったことを挙げることができる。個人向け国債と比べた金利の優位性が低下していることに加えて，2016 年のマイナス金利導入の影響を受け，上乗せ金利の設定が難しくなったことが要因になっている。その改善策として，地域で利用可能な施設利用券など金利以外の特典付与が考えられる。②購入者（個人，企業）が域内所在地に偏っていることも伸び悩みの一因となっていると思われるので，共同債としていくつかの市町村の連携によって，ロットの拡大と保証力を高めることも考えられる。

### 3.2.3 市民主役の資金チャンネル

#### (1) NPOとシンカブル

多様な地域のニーズに応えるためには，市民（住民）自身が直接参加する市民ファンド（コミュニティファンド）が有効と思われる。ここでは，NPOとクラウドファンディングを取り上げることにする。

NPOは，地域に強い愛着心を抱くボランティア団体と共に市民社会組織を構成している。しかし，NPO自身は資金を集めることが認められていないので，事業型のNPOバンクやボランティア型のシンカブル（Syncable）[16]のようなプラットフォームとの協業が必要になる。

シンカブルは2022年に導入団体数が2,500団体を超え，国内最大級のプラットフォームに成長している。その理由は，支援者が個別に募集ページを立ち上げることができるサポートファンディングであること，また1ヵ月程度の短期間で集中的に実施されるため，継続寄付を確実に獲得可能とするマンスリーファンディングであることによる。

一般的に，コロナ禍の下でNPOは寄付獲得に苦労していたが，シンカブルが仲介するNPOを別として，非営利を原則とするNPO法人であっても，実際には営利を重視するケースも見られ，その必要に迫られることもあり得る。言うまでもないが，中小企業・小規模事業，スタートアップ事業，ベンチャービジネスなどコミュニティビジネスが地域の所得と雇用の増加をもたらすだけにその原資としての収益は重要視される。

ただし，寄付・ボランティア型NPO法人向け支援と事業型NPO法人向け支援の内容は異なっている。事実，持続化補助金，IT導入補助金，テレワーク助成金，公庫コロナ特別貸付等の融資・信用保証等が事業型NPO法人向けに適用されるが，寄付・ボランティア型NPOには適用されていない[17]。

次に，NPOバンクをプラットフォームとするケースを見てみよう。NPOバンクの役割は，市民が出資した資金を地域社会や福祉，環境保全を行うNPO

や個人に融資することにある。原則的に非営利であるが，スタートアップ企業に対する貸出しのように，最初から営利を目的とする貸出しも行われている。

NPOバンクは，1994年4月に「未来バンク事業組合」として，日本で最初に設立されている。その後，融資部門の未来舎，天然住宅バンクが合併し，2019年2月，「未来バンク」に変わった。融資対象は，環境グッズ購入，NPO，エコロジー住宅に置かれることになった。

「未来バンク」創立後，2002年にNPOやワーカーズコープ（W. Co.）を融資対象とする「北海道NPOバンク」，2003年にNPO，W. Co., 市民事業者等を融資対象とする「東京コミュニティバンク」，2005年に豊かな未来を実感できる地域社会構築事業を融資対象とする「コミュニティ・ユース・バンクmomo[18]」などが次々に設立された。

NPOバンクの特徴は，個々の融資条件がきめ細かいため，貸し倒れがほとんど生じないことである。例えば，momoの場合，愛知，岐阜，三重の20〜30歳代の若者が中心になって，働く場所と生活習慣を地域で生み出し続ける循環社会の構築に取り組んでいる。すなわち，メーリングリストやニュースレターの送付など日常のコミュニケーションが密な環境の下で，融資の際には組織面・事業面・財務面の評価に面談を加えた慎重な審査を行っている。ただし，経営コストが高くなるだけでなく，運営担当者も限られている。そこで，情報収集・審査・モニタリングに強い協同組織金融機関との連携が考えられることになる。

また，momoに限らず，NPOバンクはさまざまな制約に直面している。すなわち，①任意組合のため，出資者が無限責任を負うこと，②「金融商品取引法」（2005年）の適用除外を受けるようになっているが，出資者に配当を払うことができないこと（利息・配当をわずかでも払う場合は，第2種金融商品取引業者としての登録を要してしまうこと），③「貸出業」に該当するとして，改正貸出業の施行に沿って新たな負担を強いられること，例えば，2006年の改正は，貸金業者の登録に財産的要件を純資産5,000万円に引き上げたこと（その後，全国バンク連絡会の活動によって500万円に引き下げられているが）。④出資者

は，母体団体の会員や関係者が中心になっていて，出資団体だけが融資を受けられない仕組みになっていること，これらの制約を受けている。

NPO・NPOバンクの役割が重要であるだけに，出資者とプラットフォーム双方に係る規制緩和を工夫する必要があるように思われる。公正かつ透明な市場において出資者への配当を認めることで，NPOの活動を活性化することも考えられる。


## (2) クラウドファンディング

クラウドファンディングは，不特定多数の人々がインターネットを通して自らの企画を発信することで，共感した人々から資金を募る仕組みである。クラウドファンディングは資金や支援者へのリターンによって，基本的に営利を目指さない非投資型と営利を目指す投資型に大別される。前者に相当するのが寄付型，購入型，後者に相当するのが貸付型，事業投資型（ファンド型），不動産型，株式型である。

矢野経済研究所によれば，コロナ禍の下，クラウドファンディング経由の新規プロジェクト支援額は，2018年度の1,834億4,500万円から2019年度の1,567億7,900万円に減少したものの，2022年度では1,909億8,200万円に増加すると見込まれるほど回復している[19]。

クラウドファンディング生成の足跡を振り返ってみると，最も早く2001年に設立されたのは，代表的なファンド運営会社である「ミュージックセキュリティーズ」であった。この設立がクラウドファンディングの先鞭となったが，音楽事業とともにインパクト投資プラットフォーム（セキュリティ）運営業務，ファンド組成業務，ファンド販売業務の証券化事業を行っている。

東日本大震災および熊本地震の際，被災事業者に出資したが，同ファンドの特徴は，投資額の半分を寄付に充てること，また，ミュージックセキュリティーズが設定するいくつかのプロジェクトから投資者が選ぶことにある。

その後，2010年設立の「ジャパンギビング」は，寄付型の最大手であったが，2019年，地方創生ファンド，不動産向けの貸付型事業を開始する「LIFELL

ソーシャルジャパンギビング」に名称変更している。

続いて，2011 年 4 月には，「レディフォー」が日本初の購入型クラウドファンディングを設立している。寄付型と同様，金銭的なリターンを受け取ることはないが，出資者は出資額に応じたサービス，商品を得ることができる。

IT 技術の進化を通じた情報の伝達速度の向上や情報収集コストの削減，集合知による審査機能の向上が資金供給者と需要者を直接結び付け，取引量を拡大する可能性を高める手段になり得る。今後，医療・ヘルス関連事業やベンチャー企業，スタートアップ企業がクラウドファンディングを活用する機会が増すものと思われる。

## 4 —— ESG 投資の国際基準

第 1 章で述べたように，グローバル化の時代の中で，ESG 投資が目覚ましい伸長を見せている。医療・介護や中小企業を対象とするコロナ債や個人向けコロナ債が発行されるなど，市民の直接的な参加を展開しつつある。市民の参加にとって，家計の生活水準の向上が必要条件であることは言うまでもないが，市民が安心して投資できる環境の整備，すなわち，ESG に関する正確な情報とその公開が必要条件であると考えられる。ESG 投資基準の策定には，財務情報だけでなく，環境問題，社会問題，ガバナンスに関する非財務情報が含まれるだけに困難が予想される。

しかし，正確な情報こそが公正な経済・社会構築の鍵を握ると考えられる。それぞれの国々のコミュニティで行われている取引の慣習を理解，参考にすることが世界全体の ESG 投資基準策定に貢献する 1 つの手がかりではないのだろうか。

これまで，企業価値は，貸借対照表，損益計算書，キャッシュフロー計算書などで表された財務業績によって計られてきたが，次第に ESG 業績を組み込んだ非財務情報の公開を要求されるようになっている。すなわち，株主だけでなく，企業に関与するすべてのステークホルダーを対象として，非財務情報を

財務情報と同じように扱いまた公開する必要性が高まることになった。この課題に対して，非財務情報開示に向けた施策が試みられてきた。

　2014年に日本版スチュワードシップ・コードが機関投資家向けに策定された。翌年，一般企業（上場企業）に対して，コーポレートガバナンス・コードが策定されたのも，その一環である[20]。

　まず，スチュワードシップ・コードは，受益者に対して機関投資家が負う責任を定めている。2014年以後も，2017年5月，2020年3月に改訂を重ねている。強制力を持つわけではないが，ESGの目標が強く意識されるようになってきた。日本版スチュワードシップ・コードの8原則は次のようである。

　原則1（責任を実現するための方針の作成・公表），原則2（利益相反の管理に関する方針の作成・公表，原則3（投資先企業の状況把握），原則4（対話による問題改善），原則5（議決権行使に関する方針の明瞭化），原則6（スチュワードシップ責任に関する定期的な報告），原則7（機関投資家としての実力確保），原則8（インベストメント全体の機能向上）であるが，このうち原則1〜7が機関投資家向け，原則8は機関投資家向けサービス提供者に対する原則である。

　次に，コーポレートガバナンス・コードは，投資先である一般企業（上場企業）を対象としているので，スチュワードシップ・コードと両輪をなすことになる。すなわち，①株主の権利，平等性の確保，②株主以外のステークホルダーとの適切な協業，③情報開示と透明性の確保，④取締役会の債務，⑤株主との対話，契約に適用されることになった。

　コーポレートガバナンス・コードは2018年6月に改訂版が公表されたが，非財務情報にESG要素が含まれるべきとのパブリックコメントが寄せられたことから，ESG要素に関する情報が開示されることになった。さらに，経営者は財務情報と非財務情報を法令に基づいて開示するだけでなく，主体的に開示すべきということになった。要するに，企業の非財務情報の開示は，機関投資家から開示が求められるだけでなく，ビジネスと人権に関する指導原則からも，企業が国際的な人権を尊重する責任へどのように対処したかの説明を求め

られている。

しかし，ESG 要素を客観的に開示することは依然として容易とは思われない。その目標を実現する手段は，それぞれの国々のコミュニティの慣行を参考にして，ESG の非財務的な課題への取り組みを財務的な成果との関連で数値として捉え，持続的可能性を明示することにあると思われる。

# 5 ── 地方創生に掛かる希望の灯

地方創生にとって人口増と雇用および雇用条件の改善が不可欠である。その牽引車をコュニティビジネスの活性化，特にグローバル化に求めるのが本稿の目的であった。

幸いにして，地元発の特産品の輸出，農業・伝統的芸能体験，また医療ツーリズム，ヘルスツーリズムが目を引くようになっている。さらに，営利型コミュニティビジネスの場合，高度な新しい製品を開発して「グローバルニッチトップ（GNT）企業 100 選」に選ばれた営利型コミュニティビジネス，また，それを支える非営利型コミュニティビジネスにしても，2021 年 12 月 15 日時点で 34 の医療機関が国際的な医療機能評価（JCI）認証を得るなど，国際舞台での活躍が地方創生の息吹を感じさせる。

この流れの中で，市民（住民）と自治体，政府を結ぶマイクロファイナンス，NPO バンク，住民債，クラウドファンディングなど資金の源泉およびチャンネルの多様化を通して，コミュニティビジネスの弱点である資金調達を改善しつつある。政府・自治体の資金援助に加えて，これらの新しい資金が，コミュニティ内の技術進歩やコミュニケーションを促進するようになっている。すなわち，もともと収穫逓増の可能性を秘める中小企業・小規模事業（農林漁業を含む），ベンチャービジネス，スタートアップ企業を鼓舞することになる。

ところが，日本の実情は楽観論を許す状況にはない。これまでの諸政策が十分な成果を収めていないのは，ボトムアップ方式の政策経路が弱いことによると思われる。政策立案・施行過程においてアンケート調査や説明会などを通

じ，可能な限り，市民（住民）の意見を直接的に把握しながら人々の意欲を高める政策経路が必要と考えられる。その際，人々の自主的な行動を促進する規制緩和政策が有効になる。同時に，市場が不完全また不安定な場合には，市民（住民）の貯蓄や投資を守る規制政策が必要になる。

　本稿が市民・住民を主役とする自治体，政府間の政策波及経路に注目しているのも，効率的な協業が待たれているからである。特にコミュニティ・地域との最初の接点となる地域金融とりわけマイクロファイナンスは重要な役割を担っている。と言うのも，一般的に資金調達力が弱いマイクロビジネスにとって，地域の事情を熟知している信用金庫，信用組合，農業・漁業・林業協同組合などの協同組織金融機関はその情報収集機能，審査機能，監査機能が貢献することになる。さらに，ESG 投資の決め手である非財務情報に詳しい保険会社，郵便局，地方銀行に期待が掛かることになる。

　そこで，次のように，提案したい。

　第 1 に，経済自由化とグローバル化を通して国際競争力を高める経済的規制緩和政策と共に，市民（住民）の生活を守る社会的規制の強化が望まれる。具体的には，電子化社会に対応可能な政策として事前の規制が重視されるが，むしろ事後的に公正・透明な厳罰を課す政策がより重要と考えられる。

　第 2 に，税制の対策改善が望まれる。社会的な効用と私的な効用が異なる場合，高い社会的効用をもたらした市民・住民の行動を評価すべく，社会的投資減税で補う政策が必要と思われる。

　同様に，市民・住民の仲介役を務める NPO・NPO バンク，NGO の活動を支援するために，配当を認めるなど人々の行動を鼓舞する政策が必要と思われる。


## 【注】

1 ）経済産業省（2020），1-2 頁。また，GNT 企業の特徴については，若杉隆平編著（2024），250-256 頁を参照。

2 ）内閣府（2001），1-7 頁。

3 ）Romar, P.（1986），pp. 1002-1037，および Antonio Vázquez-Barquero（2010），

pp. 53-79 による。また岸真清（2020），53-64 頁を参照。

4）中小企業庁（2020），1-16 頁。

5）日本政策金融公庫（2015），33-50 頁を参照。

6）経済産業省地域経済産業グループ（2020），1-3 頁。

7）公立病院規模別経営状況については，岸真清（2024），109-119 頁を参照。

8）観光庁（2017），29-30 頁。

9）獨協医科大学日光医療センター（2010），1-3 頁。

10）経済産業省（2019），7-11 頁。

11）一般社団法人メディカルツーリズム協会（2018），1-5 頁。

12）岸真清（2024），119-130 頁を参照。

13）岸真清（2012），199-222 頁を参照。

14）2009 年 10 月 14 日に設立された株式会社企業再生支援機構から改組されている。株式会社地域経済活性化支援機構（2017），1-15 頁。

15）「第 5 回ふくしま復興・創生県民債」と「神戸市令和 5 年度こうべ SDGs」は，いずれも地方債協会（2023），1 頁による。

16）シンカプル（2016），1-3 頁。

17）「NPO 法人シーズ・市民運動を支える制度をつくる会」（2020），1-15 頁。

18）馬場・木村・萩江・中山・三村（2010）「コミュニティ・ユース・バンク momo の挑戦 - 市民活動を支える NPO バンク」http://hd1.handle.net/10112/7789（2023. 3. 14 アクセス），1-15 頁。

19）矢野経済研究所（2022）1-4 頁。

20）スチュワードシップ・コードは，スチュワードシップ・コードに関する有識者検討会（2020），1-22 頁，またコーポレートガバナンス・コードは，株式会社東京証券取引所（2021），1-25 頁による。

### 参考文献

NPO 法人シーズ・市民運動を支える制度をつくる会（2020）「新型コロナウイルス感染症対応に係る NPO 法人等の支援等に関する要望事項【第 3 次】（暫定版）」，npoweb.jp/wp-content/uploads/2020/06/e630c6Ifdce4/ada358b866b0d0af.pdf（2023. 3. 14 アクセス）。

株式会社地域経済活性化支援機構 (2017)「株式会社地域経済活性化支援機構 （REVIC）におけるヘルスケア活性化の役割」, meti.go.jp/committee/kenkyukai/ shoujo/jisedai_healthcare/sinjigyo_wg/pdf/008_09_00.pdf（2023. 3. 14 アクセス）。

観光庁 (2017)「観光立国推進基本計画」, https//www.mlit.go.jp/kankocho/ kankorikko/kihonkeikaku.html（2022. 10. 18 アクセス）。

岸真清 (2012)「グローバル下の協同組織金融機関」田中素香・林光洋 編著『世界経済の新潮 − グローバリゼーション，地域経済統合，経済格差に注目して −』（中央大学経済研究所研究叢書 56）中央大学出版部。

――(2020)「地方創生の金融規制改革」岸真清・島和俊・浅野清彦・立原繁『規制改革の未来』東海大学出版部。

――(2021)『ESG 投資が導く新しい社会』（中央大学 企業研究所研究叢書第 39 号）中央大学出版部。

――(2024)「ポストコロナの地域医療」小森谷徳純・章沙絹『コロナ禍・ウクライナ紛争と世界経済の変容』（中央大学経済研究叢書 82）中央大学出版部。

経済産業省 (2019)「ヘルスケアサービス参入事例と事業化へのポイント」, https:// meti.go.jp/policy/mono_info_service/healthcare/downloadfiles/bisinessmodel-pdf（2023. 3. 11 アクセス）。

――(2020)「2020 年版グローバルニッチトップ（GNT）企業 100 選 選定企業一覧」, https://www.meti.go.jp.policy/mono_info_service/mono/gnt100/pdf/2020_ gnt100_company_list.pdf（2024. 4. 28 アクセス）。

経済産業省地域経済産業グループ (2020)「地域未来投資法」, meti.go.jp/policy/ sme_chiiki/chiikimiraitoushi.html（2024. 4. 28 アクセス）。

シンカブル (2016)「医療を支えたい」, https://syncable.biz>associate>social-challenge> health（2023. 2. 12 アクセス）。

スチュワードシップ・コードに関する有識者検討会 (2020)「責任ある機関投資家の諸原則」, fsa.go.jp/news/21/singi/20200324/01.pdf（2024. 4. 13 アクセス）。

地方債協会 (2023)「「第 5 回ふくしま復興創生県民債」・「神戸市令和 5 年度こうべ SDGs 市民債」」, https://www.chihousai.or.jp/03/03.03_23.html（2024. 5. 7 アクセス）。

中小企業庁 (2020)「中小企業成長促進法について」, https://sansokan.jp/2020 chukicho_sokushinho.pdf（2024. 4. 13 アクセス）。

東京証券取引所（2021）「コーポレートガバナンス・コード」，jpx.co.jp/news/1020/n/sge000005in9r-att/nlsgeu000005Ine9.pdf（2024. 4. 13 アクセス）。

獨協医科大学日光医療センター（2010）「観光医療科」，https://www.dokkyomed.ac.jp/nmc/department/consultation_organization/74gsc.tab=0（2022. 10. 13 アクセス）。

内閣府（2001）「規制改革推進3カ年計画」，https://www.8.cao.go.jp/kisei/siryo/010330/02.pdf（2024. 3. 7 アクセス）。

日本政策金融公庫（2015）「地域観光産業における価値向上の取り組み－持続可能な観光資源の創出条件とは－」，https://www.jfc.go.jp>soukenrepo.15.06_11pdf（2022. 10. 13 アクセス）。

一般社団法人メディカルツーリズム協会（2012），https://www.medical-tourism.or.jp/jci.list/（2022. 10. 13 アクセス）。

若杉隆平編著（2024）『基礎から学ぶ国際経済と地域経済』文眞堂。


Antonio Vázquez-Barquero（2010），*The New Forces of Development－Territorial Policy for Endogenous Development*, Singapore: World Scientific.

Romar, P. M.（1986）"Increasing Returns and Long-Run Growth," *Journal of Political Economy*, Vol.94, No. 5.

# 索　引

## A－Z

Airbnb ································92
BIS 規制 ····························· 4
ESG 地域金融促進事業 ············28
ESG 地域金融の取組 ··············25
ESG 投資 ·························24
ESG ボンド ·······················24
Global Sustainable Investment Review
·····································24
ICT システム ····················86
IoT 技術 ···························86
JCI 認定 ·························189
KPI ·······························38
LinkedIn ··························70
NFC 技術 ··························45
NGO ··························· 6, 8
NPO ··························· 6, 8
────バンク ················ 6, 194
P2P 型取引 ·······················88
PRI・6 つの原則 ··················23
SEO ·······························39
STEM ····························82
Uber ·······························92

## ア

アクティビティ ···················79
新しい金融規制 ···················· 6
新しいコミュニティ ··············180
一億総活躍社会 ··················177
一括交付金 ························· 9
一般社団法人シェアリングエコノミー
協会 ····························89
移動のシェア ·····················92
インサイダー型（間接金融型）
コーポレート・ガバナンス ········15

インセンティブ ···················52
インターンシッププログラム ·······53
インフォグラフィック ·············69
エコツーリズム ··················188
エコトレイル ·····················44
大蔵省資金運用部 ·················11
オープン型（アングロサクソン型）
コーポレート・ガバナンス ·········15
オンデマンドエコノミー（On-demand
Economy）·······················90
オンラインプラットフォーム ·······74

## カ

介護人材の確保 ···················98
介護人材の不足 ···················98
介護スキルのシェア ···············99
介護の社会化 ····················104
介護保険外サービス ···············98
介護保険サービス ·················97
介護保険制度 ·····················98
確認的因子分析 ··················120
鹿島酒造ツーリズム ··············186
株式会社クラウドケア ·············99
環境未来都市 ·····················26
環境モデル都市 ···················26
観光立国推進基本計画 ············188
カンディハウス ··················187
かんぽ生命 ······················134
ギグエコノミー（Gig Economy）·······90
技術的ユニバーサルサービス ······151
規制改革推進 3 ヵ年計画 ··········180
規制緩和 ·······················3, 20
共助 ····························104
────社会 ······················ 6
共同体経済 ························ 6
共分散構造分析 ··················122

索　引 | 205

共有型経済モデル………………………89
銀行業………………………………141
銀行の与信機能……………………… 5
金銭的なコスト……………………118
金融インフラ…………………… 13, 14
金融改革プログラム………………15
金融再生プログラム………………15
金融自由化…………………………… 4
金融商品取引法……………………195
金融仲介機能………………………15
空間のシェア………………………92
口コミマーケティング……………71
クラウドソーシング（Crowdsourcing）
　………………………………… 88, 90
クラウドファンディング……… 179, 196
クラウドベース資本主義（Crowd-Based
　Capitalism）………………………87
グリーンボンド（環境債）………24
グローバルニッチトップ…………178
経験財………………………………130
経済規制……………………………14
　──の緩和………………………179
経済的ユニバーサルサービス…………151
結果の重大性（Consequence）…………114
決済代行サービス……………………174
効果的な情報発信…………………130
公共性………………………………149
公助…………………………………104
構造改革特区………………………19
構造的失業…………………………96
国際物流事業………………………140
個人向けコロナ債………………… 27, 179
国家戦略特別区域法………………18
国家戦略特区………………………19
コーポレート・ガバナンス…………15
コミュニケーション……………… 1, 6
コミュニティビジネス……… 1, 177, 178
コラボ消費行動（Acts of Collaborative
　Consumption）……………………86
コロナ債……………………………27

コンセプト郵便局…………………170
コンバージョン率…………………70
コンパクトシティ…………………159
　──化……………………………157

## サ

災害対策マニュアル………………58
財源確保……………………………98
財政再建計画………………………163
財政破綻………………………… 157, 161
財の有形性…………………………130
財務情報……………………………27
サステナビリティボンド（サステナビリ
　ティ債）…………………………24
サービス・コスト…………………118
サービスの特徴……………………117
サービス・マーケティング…………117
産業クラスター……………………76
産業社会……………………………85
三位一体改革……………………… 9
シェアのまちづくり………………96
シェアリングエコノミー（Sharing
　Economy）………………………86
　──元年…………………………92
　　認証制度………………………93
　──のメリット…………………95
　──領域マップ…………………89
刺激－生体－反応モデル…………113
自助…………………………………104
市場経済…………………………… 6
市場の失敗……………………… 8, 13
市場の不安定性…………………… 5
市場の不完全性…………………… 5
市場メカニズム…………………… 5
自治体SDGsモデル事業…………26
私的限界生産性……………………185
自費サービス………………………99
市民団体…………………………… 6
社会セクター（インフォーマルセクター）
　………………………………………… 6

社会的規制 …………………… 180, 192
社会的限界生産性 …………………… 185
社会的ユニバーサルサービス ………… 151
社会投資ファンド …………………… 189
ジャパンギビング …………………… 196
収穫逓増現象 ………………………… 178
収穫逓増の可能性 …………………… 181
囚人のジレンマ ………………………… 8
収納代行サービス …………………… 174
住民公募地方債 ……………………… 179
少子高齢化 …………………………… 180
消費と生産の同時性（Inseparability）
 ……………………………………… 117
情報規制 ……………………………… 14
情報生産機能 ………………………… 5
情報探索行為 ………………………… 130
情報通信技術革命（IT 革命） ……… 180
情報の非対称性 ……………… 178, 192
消滅性（Perishability） ……………… 117
所有権 ………………………………… 88
シンカブル …………………………… 194
新古典派経済学 ……………………… 182
新三本の矢 …………………………… 177
新自由主義 …………………………… 8
スタートアップ ……………………… 41
──企業 …………………………… 178
ステークホルダー …………………… 63
ストーリーテリング ………………… 67
スピルオーバー効果 ………………… 181
スマートシティ ……………………… 54
生活インフラ ………………………… 149
税源移譲 ……………………………… 9
生産消費者（プロシューマー） ……… 85
政府介入 ……………………………… 2
政府の失敗 …………………………… 8
生命保険業 …………………………… 143
ゼロサムゲーム ……………………… 8
全国ネットワーク性 ………………… 149
ソーシャルビジネス ………… 2, 178
ソーシャルボンド …………………… 24

## タ

代理人コスト …………………………… 3
脱産業社会 …………………………… 85
探索財 ………………………………… 130
地域活性化 …………………………… 130
地域金融機関 ………………………… 25
地域発グローバリゼーション ……… 178
地域発グローバル化 ………………… 179
地域未来投資促進法 ………………… 187
知覚されたリスク …………………… 130
知覚リスク（Perceived Risk） ……… 114
──の低減 ………………………… 116
地方経済の活性化 …………………… 89
地方公共団体財政健全化法 ………… 165
地方雇用の創造 ……………………… 89
地方分権一括法 ……………………… 9
地方包括ケアシステム ……………… 104
中小企業成長促進法 ………………… 185
地理的ユニバーサルサービス ……… 151
追加サービス ………………………… 99
出口改革 ……………………………… 11
デジタル田園都市国家構想総合戦略 …… 20
デューデリジェンス ………………… 41
テレワーク推進センター …………… 20
電子化社会 …………………………… 179
独立採算 ……………………………… 149
トップダウン的な意志伝達経路 ……… 180
トレイル ……………………………… 49

## ナ

流山市 ………………………………… 22
ナショナル・ミニマム ……………… 13
ニッチ生産 …………………………… 179
ニッチ戦略 …………………………… 100
日本郵政株式会社法 ………………… 134
日本郵政グループ …………………… 136
日本郵便の役割 ……………………… 21
温もりのあるイノベーション ……… 97
ネット・クチコミ …………………… 111

## ハ

バイオマス発電・・・・・・・・・・・・・・・46
バルケーロ（Antonio Vázquez-Barquero）
・・・・・・・・・・・・・・・・・・・・・・・・・181
ピアトゥピアエコノミー（Peer to Peer
　Economy）・・・・・・・・・・・・・・・・・90
東日本大震災・・・・・・・・・・・・・・・・6
非金銭的コスト・・・・・・・・・・・・・・118
非財務情報・・・・・・・・・・・27, 178, 197
ビジネスケアラー・・・・・・・・・・・・・106
ビジネスサポートプログラム・・・・・・・75
ビジネスメンタリング・・・・・・・・・・・82
ピッチコンテスト・・・・・・・・・・・・・40
ピッチデッキ・・・・・・・・・・・・・・・40
品質の変動制（Quality Variability）・・・・117
ファーマーズマーケット・・・・・・・・・47
フォーマルセクター・・・・・・・・・・・・6
不確実性（Uncertainty）・・・・・・・・・114
福祉ミックス論・・・・・・・・・・・・6, 8
複線型意志伝達経路・・・・・・・・・iii, 180
負債（レバレッジ）・・・・・・・・・・・184
プラットフォーム企業・・・・・・・・・・86
ブランドアイデンティティ・・・・・・・・65
不良債権・・・・・・・・・・・・・・・・4
フリーランス（Freelance）・・・・・・・・90
プルーデンス規制・・・・・・・・・・・・14
ブロックチェーン技術・・・・・・・・・・55
ヘルスツーリズム・・・・・・・・・・・188
ベンチャービジネス・・・・・・・・・・178
ボトムアップ的な意志伝達経路・・・・・・180
ボトムアップ方式の意志伝達経路・・・・・27
ボランティア・・・・・・・・・・・・・・8
ボルカールール・・・・・・・・・・・・・13

## マ

マイクロファイナンス・・・・・・・・・189
益子町・・・・・・・・・・・・・・・・186
まち，ひと，しごと創生基本方針・・・・・9
　——2015・・・・・・・・・・・・16, 177

——2021・・・・・・・・・・・・・1, 92
まち・ひと・しごと創生総合戦略・・・・・16
まち・ひと・しごと創生長期ビジョン・・・16
まち・ひと・しごと創生法・・・・・・・・92
マッチングプラットフォーム・・・・・・・87
ミュージックセキュリティーズ・・・・・・196
無形財・・・・・・・・・・・・・・・・112
無形性（Intangibility）・・・・・・・・・117
モラルハザード・・・・・・・・・・・2, 28

## ヤ

矢野経済研究所・・・・・・・・・・・・196
有形財・・・・・・・・・・・・・・・・112
郵政グループビジョン2021・・・・・・・148
郵政民営化・・・・・・・・・・・・・・135
　——法・・・・・・・・・・・・・・134
ゆうちょ銀行・・・・・・・・・・・・・134
郵便局に求める地域貢献に関するアン
　ケート調査・・・・・・・・・・・・・22
郵便局の有効利用・・・・・・・・・・・21
郵便局窓口事業・・・・・・・・・・・・137
郵便貯金・・・・・・・・・・・・・・・21
郵便・物流事業・・・・・・・・・・・・136
ユニバーサルサービス・・・・・・・・・136
　——のサービス水準・・・・・・・・154

## ラ

利用権・・・・・・・・・・・・・・・・88
倫理的規制の強化・・・・・・・・・・・179
倫理的な規制・・・・・・・・・・・・・・8
レディフォー・・・・・・・・・・・・・197
レバレッジ・・・・・・・・・・・・・・13
レントシーキング・・・・・・・・・・3, 28
労働集約型・・・・・・・・・・・・・・105
ロジスティックサービス・・・・・・・・174
ローマー（Romar, P.）・・・・・・・・・181

## ワ

ワンストップアサービス・・・・・・・・53

## 《著者紹介》（執筆順）

### 岸　真清（きし・ますみ）担当：第 1 章・第 8 章

中央大学　名誉教授
1944 年愛知県生まれ。
慶應義塾大学大学院経済学研究科博士課程満期退学（経済学博士）
東海大学政治経済学部専任講師，助教授，教授，中央大学商学部教授を経て，現在に至る。
主な著書として，『経済発展と金融政策』（東洋経済新報社），『共助社会の金融システム』（文眞堂），
*Financial Markets and Policies in the Newly Industrializing Economies,*" in Zahid, S.N. ed. Financial Sector Development in Asia, Asian Development Bank / Oxford University Press

### 浅野清彦（あさの・きよひこ）担当：第 2 章・第 3 章

東海大学　名誉教授
福島学院大学マネジメント学部地域マネジメント学科　学科長・教授
ふくしまデジタル推進協議会（福島市）会員
1955 年東京都渋谷生まれ，東京都世田谷区出身。
1987 年東海大学大学院経済学研究科博士課程単位取得（満期退学・商学修士）
主な著書（共著）として，『環太平洋地域における国際観光』（嵯峨野書院），『〈ありうべき世界〉へのパースペクティブ』（東海大学出版会），『地域デザイン戦略総論　コンテンツデザインからコンテクストデザインへ』（芙蓉書房出版），など。

### 陳　森（チン・シン）担当：第 4 章・第 5 章

秀明大学総合経営学部　専任講師。
1992 年中国・陝西省生まれ。
2021 年東海大学大学院文学研究科文明研究専攻修了　博士（文学）。
東海大学政治経済学部非常勤講師，東京福祉大学社会福祉学部助教，専任講師を経て，現在に至る。
専攻分野はマーケティング論，消費者行動論。

### 立原　繁（たちはら・しげる）担当：第 6 章・第 7 章

東海大学大学院文学研究科観光学専攻　教授
東海大学観光学部　教授
日本フードサービス学会　会長
1959 年東京都新宿生まれ，茨城県水戸市出身。
1988 年東海大学大学院経済学研究科博士課程単位取得（満期退学・経済学修士）
主な著書（共著）として，『欧州郵政事業論』（東海大学出版部），『現代フードサービス論』（創成社），『変革期の郵政事業』（日本評論社），など。

（検印省略）

2024 年 10 月 20 日　初版発行　　　　　　　　　　　　略称—政府規制

# 政府規制と地方創生
## —コミュニティの活性化に向けた提言—

|  |  |
|---|---|
| 著　者 | 浅 野 清 彦・岸　　真 清 |
|  | 立 原　　繁・陳　　　森 |
| 発行者 | 塚 田 尚 寛 |

発行所　東京都文京区　　株式会社　**創 成 社**
　　　　春日 2-13-1

電　話　03（3868）3867　　Ｆ Ａ Ｘ　03（5802）6802
出版部　03（3868）3857　　Ｆ Ａ Ｘ　03（5802）6801
http://www.books-sosei.com　　振　替　00150-9-191261

定価はカバーに表示してあります。

©2024 Shigeru Tachihara　　　組版：緑 舎　印刷：エーヴィスシステムズ
ISBN978-4-7944-3251-3 C3033　　製本：エーヴィスシステムズ
Printed in Japan　　　　　　　　落丁・乱丁本はお取り替えいたします。

——— 経済学選書 ———

| 書名 | 著者 | 区分 | 価格 |
|---|---|---|---|
| 政府規制と地方創生<br>— コミュニティの活性化に向けた提言 — | 浅野清彦<br>岸原真繁<br>立 森<br>陳 | 著 | 2,400 円 |
| 投資家のための「世界経済」概略マップ | 取越達哉<br>田端克至<br>中井 誠 | 著 | 2,500 円 |
| 現代社会を考えるための経済史 | 髙橋美由紀 | 編著 | 2,800 円 |
| 財　政　学 | 栗林隆史<br>江波戸順夫<br>山田田直誠 | 編著 | 3,500 円 |
| テキストブック租税論 | 篠原正博 | 編著 | 3,200 円 |
| テキストブック地方財政 | 篠原正博一<br>大澤俊治<br>山下 耕 | 編著 | 2,500 円 |
| 世界貿易のネットワーク | 国際連盟経済情報局<br>佐藤 純 | 著<br>訳 | 3,200 円 |
| みんなが知りたいアメリカ経済 | 田端克至 | 著 | 2,600 円 |
| 自動車産業のパラダイムシフトと地域 | 折橋伸哉 | 編著 | 3,000 円 |
| 「復興のエンジン」としての観光<br>— 「自然災害に強い観光地」とは — | 室崎益輝<br>橋本 俊哉 | 監修・著<br>編著 | 2,000 円 |
| 復興から学ぶ市民参加型のまちづくりⅡ<br>—ソーシャルビジネスと地域コミュニティ— | 風見正三<br>佐々木秀之 | 編著 | 1,600 円 |
| 復興から学ぶ市民参加型のまちづくり<br>— 中間支援とネットワーキング — | 風見正三<br>佐々木秀之 | 編著 | 2,000 円 |
| 福　祉　の　総　合　政　策 | 駒村康平 | 編著 | 3,200 円 |
| 環　境　経　済　学　入　門　講　義 | 浜本光紹 | 著 | 1,900 円 |
| マ ク ロ 経 済 分 析<br>— ケ イ ン ズ の 経 済 学 — | 佐々木浩二 | 著 | 1,900 円 |
| 入　門　経　済　学 | 飯田幸裕<br>岩田幸訓 | 著 | 1,700 円 |
| マクロ経済学のエッセンス | 大野裕之 | 著 | 2,000 円 |
| 国際経済学の基礎「100項目」 | 多和田眞<br>近藤 健児 | 編著 | 2,700 円 |

(本体価格)

——— 創 成 社 ———